U0358004

看不见的大象

[意] 卢西亚诺·卡诺瓦 (Luciano Canova)◎著
赵楚烨◎译

中国出版集团
中 译 出 版 社

（著作权合同登记号：图字 01-2024-0903 号）

图书在版编目（CIP）数据

看不见的大象 / (意) 卢西亚诺・卡诺瓦著 ; 赵楚烨译 . -- 北京 : 中译出版社 , 2024.4
ISBN 978-7-5001-7818-7

Ⅰ . ①看… Ⅱ . ①卢… ②赵… Ⅲ . ①认知心理学—通俗读物 Ⅳ . ① B842.1-49

中国国家版本馆 CIP 数据核字（2024）第 063276 号

看不见的大象

KANBUJIAN DE DAXIANG

著　　者：[意] 卢西亚诺・卡诺瓦（Luciano Canova）
译　　者：赵楚烨
策划编辑：于　宇　薛　宇
责任编辑：于　宇
文字编辑：薛　宇
营销编辑：马　萱　钟筱童

出版发行：中译出版社
地　　址：北京市西城区新街口外大街 28 号 102 号楼 4 层
电　　话：（010）68002494（编辑部）
邮　　编：100088
电子邮箱：book@ctph.com.cn
网　　址：http://www.ctph.com.cn

印　　刷：北京中科印刷有限公司
经　　销：新华书店
规　　格：880 mm × 1230 mm　1/32
印　　张：9.375
字　　数：116 千字
版　　次：2024 年 4 月第 1 版
印　　次：2024 年 4 月第 1 次印刷

ISBN 978-7-5001-7818-7　　　　定价：79.00 元

推荐语

人类经常犯的错误就是：高估近期，低估远期。而真正有大成就的人，则无一例外地坚持长期主义。这本轻松有趣的科普小品，从提醒大家关注气候变化出发，以深入浅出的跨学科案例告诉我们，除了看得见的“黑天鹅”和“灰犀牛”之外，我们也需要学习运用长远思维，去预测现实世界中很多“看不见的大象”，如此方能未雨绸缪，行稳致远。

——尹烨　华大集团 CEO 生物学博士

《看不见的大象》为我们提供了一个独特的视角，让我们重新审视人类与自然的关系，以及我们的行为对环境的影响。作者通过“看不见的大象”的描述，阐述了全球变暖对地球的生态系统已造成了严重的破坏。人类只有一个地球家园，应对气候变化是全人类的责任。当然，本书也提醒我们，保护环境、实现可持续发展是每个人的责任和使命。

——熊焰　北京国富资本有限公司董事长

读完此书，我觉得我们每个人大脑中都有一头“看不见的大象”。我们往往因为认知偏差、主观冷漠、行为惰性等导致无法做出理性决策。这本书的独特点在于启示我们，只有摆脱情绪桎梏，培养长远思维，我们才能构建起全新的认知地图，成为真正的“骑象人”。

——樊登　帆书 App 创始人

我们经常面临着复杂多变的环境和层出不穷的不确定性。作为投资者和决策者，如何准确把握市场的脉动，避免陷入认知偏差的陷阱，是成功的关键。《看不见的大象》为我们提供了一种全新的视角和思考方式，帮助我们更好地识别和克服这些心理陷阱，做出正确决策，学会更加全面和深入地理解我们所面对的问题，避免被市场的“大象”所吞噬。

——刘润　润米咨询创始人

《看不见的大象》生动诠释了人们在思考长期复杂问题时容易陷入的思维误区，导致正确的观点往往不能被立即广泛接受。希望这本书帮助读者做出明智的决策，坚持做难而正确的事，坚持长期主义。

——任泽平　经济学家、泽平宏观创始人

如何才能提高认知，洞察本质？《看不见的大象》揭示了人类行为和社会现象背后的深层次原因，挑战了我们的传统观念，激发我们用长远思维思考问题，探索未知的领域。这本书对任何渴望深入了解社会以及提升自我认知的读者来说，都是一份宝贵的精神财富。

——郑毓煌　清华大学博士生导师、哥伦比亚大学博士

在当今社会，随着人口老龄化的不断加剧，养老和长寿经济已成为一个全球性的重要议题，如何在长寿时代中实现个体的幸福生活和经济的可持续发展成为一个热点话题。书中的“看不见的大象”象征着那些显而易见、至关重要却被人主动忽视的因素。正如“大象”虽然看不见，但其存在对周围环境有着深远的影响，养老和长寿经济中也存在着许多

隐形的挑战和机遇。我们需要认识到，随着人们寿命的延长，社会结构、经济发展模式、医疗卫生服务、养老保障体系等方面都将面临重大变革。我们要积极构建一个适应长寿时代的社会环境，完善养老保障体系，提高养老服务质量。

——姚余栋　大成基金副总经理兼首席经济学家

阅读《看不见的大象》是一次心灵的旅程，它挑战我们的思维习惯，促使我们去发现那些隐藏在日常生活中的“看不见的大象”。读者可以获得新的视角和思考方式，从而在个人成长和社会参与方面迈出坚实的一步。让我们一起探索那些“看不见的大象”，让我们的生活和心灵变得更加丰富和深刻。

——毛大庆　中国科协全国委员会委员、优客工场创始人

《看不见的大象》是一本充满智慧且深入浅出的思维型书籍，在面对全球变暖这个话题时，大脑中的大象和骑象人融洽与否，直接决定了人类是否能做出对长远未知的正确预判和行为导向。本书的方法论其实并不局限于环境和气候，在金融投资领域也同样需要摆脱认知偏差和情绪桎梏，因此

该书具备广泛的适用性，值得深思，推荐一读。

——田野　中信建投证券

针对集体行动问题，《看不见的大象》提出了我们需要从人类群体行为动力学来思考如何推动集体行动。就好像行为学告诉我们，人类并不是理性人或经济人一样，通过对人类的进化分析不难发现，人类之所以成为人类，一个很重要的特点是他们有合作性，具备超越族群与陌生人合作的能力。因此，核心问题变成了如何推动（助推）人们去合作。

——吴晨　著名财经作家、晨读书局创始人、

《经济学人·商论》原总编辑

对于人类的未来，全球变暖与人口老龄化成为两个确定性最强的趋势和重大课题。而其中第一个问题的应对，则更为迫切和复杂。《看不见的大象》以此为案例，讲述和探讨了行为经济学等跨学科的前沿研究成果和具体策略。因此，本书既有反思和预测，也给出了具体的认知提升措施和未来行动方案。

——本力　《香港国际金融评论》执行总编辑、

香港中文大学（深圳）高等金融研究院政策研究员

全球变暖是我过去几年重点关注的领域。卢西亚诺为我们展示了为什么智人很难改变其惰性行为，以及大脑在处理信息和做决策时的工作机制，其间涉及了大量行为科学、经济学、心理学的知识。另外，我很喜欢本书最后提供的歌单。

——姜胡说　畅销书《价值心法》作者、
知名财经自媒体、投资人

这是一个波动频繁且剧烈的时代，每个人都能切身感受到不确定性，以至于不知所措。《看不见的大象》就是这样一本契合当下，让人学会在复杂的世界里把握不变的部分，从而坚定长远、相信未来的书。

——吴主任　《形势比人强》作者

《看不见的大象》提醒我们要有意识地去发现那些隐藏在日常生活背后的深层次问题。书中的故事让我们意识到，只有勇敢地面对这些“大象”，我们才能找到解决问题的关键，从而推动个人和社会的进步。无论你是在寻找生活的智慧，还是希望在工作中取得新的突破，这本书都会给你带来意想不到的启示和灵感。

——张萌 作家，代表作《人生效率手册》

头脑清醒一点，你的人生更美好。我们的大脑有些先天的懒惰和局限性，因此，想得少、求痛快就变成了很常见的现象。可惜，人类社会和这个世界都很复杂，不会像大脑期待的那么简单。所以，很多人会掉进心智陷阱，产生认知偏差，并在一次次现实打击后被情绪困住。我特别欣赏书中的三个字——“做加法”。要知道，想号召大家用更复杂的思维来应对客观复杂的世界，这件事是需要勇气的。《看不见的大象》是一本清醒而有趣的复盘之书，让我们更好地认识到自己头脑惰性的来源，并建立更高级的认知和决策。海特用两个深入人心的意象来描述这两个系统：大象和骑象人。大象就是指导我们行为的本能和情绪，虽然粗笨却力量奇大，一旦走动起来，就很难停下。人人身下皆有一头大象，骑好它需要智慧，我们要给它规划路线，而不是被它带得狂奔。

——姜振宇 高维知行创始人、微反应科学研究院院长这本书教会我们如何在日常生活的喧嚣中正视那些被忽略的“看不见的大象”，通过运用长远思维激发我们的判断力和感知力，应对那些不易察觉或现在貌似还不着急的挑战。

——张一甲　甲子光年创始人兼 CEO

我们处在一个信息和商品极度充足的时代，什么样的信息会被点击、什么样的商品会被购买，这个决定是由情绪所主宰的。在注意力经济时代下，每一个人都需要绞尽脑汁，使出浑身解数吸引观众的眼球，因为只有这样才有可能让人知道“快看看我，我物美价廉！”这本书为我们讲述了一系列心智陷阱、认知偏差及情绪桎梏。这些因素互相影响，在某种程度上造就了一场非理性决策的“完美风暴”。不过这本书不是要跟你探讨商业市场问题，它探讨的是一个更有意义的重要话题，那就是“此时此地正在发生的事情，即与人类和人类活动息息相关的全球平均气温升高的问题”。

——熊静　抖音图书 UP 主

推荐序

如何做到“勿以善小而不为”

卡尼曼在《思考，快与慢》中提出人的思考分为“系统1”和“系统2”，已经成为行为经济学最基本的认知框架：系统1依靠直觉，是百万年进化的结果，帮助人快速决策，却也常常展现非理性的一面，表现出各种偏见；系统2则是理性思考，是人类过去几万年进步的结晶。在《看不见的大象》中，卡诺瓦以大象和骑象人来比喻系统1和系统2，更加形象。他认为，人的大脑主要由两位成员组成：一是大象，代表情绪表达、边缘系统、条件反射和自发选择，是古老进化的产物；另一个则是骑象人，是大脑的新皮层部分，负责语言表达和长期规划。我们需要思考的是：在哪些情况下应该让脑中的大象发挥作用？在哪些情况下又该听从骑象人的指挥？

《看不见的大象》的开拓之处在于利用行为经济学的思考框架来帮助我们思考公共政策中的“集体行动”（collective action）问题。在很多情况下，我们大多数人明明知道一些公共政策会带来长期收效——比如应对气候变暖必须减少碳排放，这样才能让子孙后代不用担心极端天气频发等各种自然灾害——却并不会主动配合这些政策采取行动，或者缺乏行动力。

古语说得好，勿以善小而不为！但很多时候，我们总会觉得个人的力量很微小，集体行动并不会缺了我一个人就做不成，或者攻坚克难的事情只靠一个人成不了事。如何改变这一观点，推动更多人加入集体行动？这就需要去分析集体行动背后的行为动力学。

导致集体行动乏力的原因很多，可以归结于几方面。

第一，我们倾向于关注短期而忽略长期。我们乐于活在当下，而不愿意思考长远的事情。过去100年新闻媒体所塑造的即时性让我们对长期缓慢的问题无感

（温水煮青蛙的问题）。而过去十几年社交媒体的兴起，也导致我们的注意力日益缩减。

第二，集体行动难的问题。总有人从自己的利益出发，轻则搭便车，别人出力干活，自己捡便宜；更有甚者，只从自己利益出发，认为只要别人减排了，自己哪怕继续排放也不会带来大问题。只是如果人人为自己，事情就不可为了。

第三，对气候变暖这样的复杂问题还是存在认知的不同。比如很多人并不认为碳减排是大问题，因为对他们而言，气候变暖是非常复杂的问题，微小的变量可能带来意想不到的结果，很难做精确的预测。既然短期预测不准，他们就很难相信长期不作为真会带来灾难。

针对集体行动问题，《看不见的大象》提出了我们需要从人类群体行为动力学来思考如何推动集体行动。就好像行为学告诉我们，人类并不是理性人或经济人一样，通过对人类的进化分析不难发现，人类之所以成为人类，一个很重要的特点是他们有合作性，具备超越族群与陌生人合作的能力。因此，核心问题变成了如何推动（助推）人们去合作。

一方面可以诉诸人类本身具备的平等和正义这样朴素的感情，而这些感情恰恰是经历了几十万年进化，人类在协作过程中固化在脑中的大象。行为学中很著名的“最后通牒”实验就证明了这一点，即人如果感受到分配不公平，哪怕让自己受损，也不能眼见着别人占便宜。在这个实验中，有100元的奖金，由甲来决定如何与乙分配，乙决定是否接受。如果甲决定五五分配，或者四六开，乙一般会接受，但如果甲决定留给自己90元，只给乙10元，在很多情况下乙就会选择不接受，虽然按照经济人的假设，即使甲给乙1元，乙也应该接受，因为这是意外之财。但脑中大象对公平的执着会让乙放弃这份额外的收益。

从平等和正义的观念出发，可以得出要想推动集体行动，需要加入互惠概念的结论。互惠强调只有在群体中的大多数人相信其他成员也会采取合作行动时才能起作用。一个集体意识超越个人利益的人，愿意在集体中积极承担一定责任的人，只有在确信有很高比例的合作者时，才会选择合作。

另一方面则要思考如何做到“勿以善小而不为”，即不要因为一个人的行为很渺小，改变不了大局，就因此不作为。卡诺瓦提出临界值的观点，即只要有足够多的人认为自己的努力能带来改变，他们就会选择加入行善（遵从自身对于公平和正义的朴素认知）的事业中，不再理会其他人。

一个简单的例子是推广垃圾分类，如果有足够多的人觉得垃圾分类有助于环保，哪怕还是有几个邻居乱放垃圾，大多数人还是会选择付诸行动，践行分类垃圾。这背后当然也会有同侪压力（peer pressure）的因素。同样，当大城市开始推广汽车在斑马线礼让行人时候，当更多司机开始改变自己的行为时，也会让遵从变得更普遍。这就是“足够”的问题，我们所要做的就是让临界点更快出现。

在推动集体行为时，我们也需要避免出现两种错误的思维。一是集体惰性，我们一边期待着有人站出来做些什么，一边抱怨着事情没有改变，为我们的不作为找些简单的借口。二是将推动集体行为的临界值想象得过高，其实在很多情况下，一个想法想要得到广泛传播，并不需要得到超过半数人的同意。

最后回到认知问题，我们也需要追问一下，我们要采取的行动是否更依赖较高的认识水平，需要增加向公民提供的信息量？还是过多的信息阻碍了人们的行动，所以需要进行“大脑清理”，比如提供更加聚焦的信息，或者更加能打动人的信息？在信息爆炸时代，信息过载也可能成为阻碍集体行为的障碍。

吴晨

著名财经作家、晨读书局创始人、

《经济学人·商论》原总编辑

2024 年 3 月

目　录

引言

人类为什么这么懒惰

“谢谢大家的关注。”

这句话可以作为一本书的结束语，但我决定将它置于开篇，因为本书要谈论的正是“注意力”这种稀缺资源，对于那些决定集中注意力阅读此书的人，我想从一开始就向他们表示感谢。

原谅我写了这样一个不同寻常的开头，但事实是，有一只幽灵大象正在四处游荡，相较于其他幽灵，它经历了好几个世纪的进化。它的活动范围不再局限于欧洲，而是遍布全球。这种幽灵没有在阁楼或地牢里发出哀嚎声，也没有把门弄得吱呀作响，它就舒舒服服地坐在我们屋子正中央的单人沙发上，完全不把自己当外人，泰然自若，好像我们看不见它一样。它就是我们谈论的主要话题，出现在我们孩子学习的大多数课程中，是媒体定期关注的焦点。

但有时人们谈论得最多的事情，往往最不会付诸行动。你是否想到了那些我们经常脱口而出的俗语？

一般来说，当有人说出这些俗语时，说明他的大脑为了节省能量，正处于不活跃状态。

“塞翁失马，焉知非福。”

“拜拜。”①

“我替我朋友问一下。”②

“古老但有价值——过渡季节已不复存在。”③

如果我们能停下来想想，会发现在这些话中，我

---

① “Ciaone”，一种较为口语化的意大利语俗语表达，意为“再见”，但通常具有讽刺意义。——译者注

② “Chiedo per un amico”，意大利网络俗语，指在遇到尴尬的情况下，说话人通常假借第三者的角度询问他人的看法或经验。——译者注

③ “Non ci sono più le mezze stagioni”，意大利俗语，指由于全球气候变暖，四季更替节奏受到影响，春天和秋天这两个过渡季节已不复存在。——译者注

们明智地认识到一个被广泛认同的科学事实，它像幽灵一样存在于我们的生活中，以一种奇怪的方式充斥在我们周围，好像一个被不断踢向前方的易拉罐。

对于俗语“明天又是全新的一天”，末世论者可能会补充道，“最起码得有个明天吧！”而随波逐流者则会把自己局限在一个更为明智、先验的语境中：“没错，但明天天气会很热，你衣服穿少点。”

显然，我说的幽灵就是全球变暖，也是本书讨论的主题。

当我们提起气候变化时，其实也是在谈论我们自己——生活在地球上、处于主宰地位的智人。为了追求权力，我们有时会与周遭环境进行消极互动，换一种更科学的表达，是进行一种不可持续的互动，因而失去一定控制地球的能力。的确，气候问题错综复杂，要理解我们应对气候问题的行为机制也很困难。既然这个问题如此显而易见，我们为什么还是很难采取行动呢？为什么在我们的日常生活中，全球变暖仍是一个体型庞大、虚无缥缈的幽灵呢?

几年前新冠疫情还没开始的时候，名词“黑天鹅”流行起来，该词源自纳西姆·塔勒布（Nassim Taleb）的作品，指难以证实的、无法预料的不寻常事件。它同许多表达方式一样，经常被滥用、被误解。米歇尔·渥克（Michele Wucker）提出的隐喻——“灰犀牛”可能没那么有名，但更加形象，被用来形容会酿成重大危机的大概率事件。

全球变暖以及在此之前的新冠疫情可以很好地帮我们了解这一概念。

我们就好像灾难降临前的庞贝城居民，不同的是，我们已经意识到了这一灾难会带来的后果。对我而言，这种行为上的惰性是最难解决的问题之一。

为此，在《看不见的大象》中，我会详细介绍一下我们的大脑在处理信息和做决策时的工作机制，揭示一系列的心智陷阱、认知偏差及情绪桎梏。这些因素互相影响，在某种程度上使得全球变暖成为一场非理性决策的“完美风暴”。

让我们先达成一个共识，我们讨论的不是气候变化，而是全球变暖，所以我们使用的词本身就代表一种行为和动作，表现出一种自我意识。那为什么会这样呢？

因为气候一直都在变化。

地球是一个古老的星球，经历了不同的阶段和结构性变化，而使用“全球变暖”这一表达更符合现实情况，因为它堵住了误解的通道，避免思维漏洞的产生。我们所说的是此时此地正在发生的事情，即与人类和人类活动息息相关的全球平均气温升高问题。

语言和遣词造句不是小事，需谨慎对待，因为它是认知问题的重要组成部分，所以它也决定着人们应对认知问题的方式。

我们说过，人人都把全球变暖挂在嘴边，但没人把它放在心上。已故的汉斯·罗斯林（Hans Rosling）[①]曾

① 瑞典公共卫生教授。——译者注

说过："经过数百万年的进化，人类的大脑本能地变得戏剧化。"原始情绪反应会使我们落入一种被俗称"戏剧化的陷阱"中。罗斯林曾在全球范围内开展过一次问卷测试，测试由十个问题组成，分别涉及不同的主题，包括贫穷、饥饿、人口增长及自然灾难造成的死亡人数。受试者对这一系列问题的回答系统地展现了认知上的偏见与扭曲。事实上，人类更趋向于以一种十分明确的方式去感知不好的事物，表现出一种高度戏剧化的倾向。

回归正题前，先举一个例子。大多数人仍认为近几十年来世界贫困问题日益严重。事实是，每天生活费用不足1.90美元①的人数在不断减少，数据显示的结果与真实情况完全相反。

这种心理陷阱表现在各个方面，人们在面对关于未来的不确定性预测时，容易变得悲观。那么，你们

---

① 世界银行规定的标准值（按购买力平价计算，因此美元在不同国家之间具有可比性）。

可能会说，为什么我们对全球变暖无动于衷呢？如果我们感知将遇到灾难，就应该立即采取行动。本书试图通过对一系列庞杂的因素进行分析，来回答一个复杂的问题。图 0.1 体现了其中的第一个因素。

我总给我的学生展示这张图。

这张图是一幅日历，它通过积极而合理的想象勾勒出了一位 90 岁老人的一生，并将其以星期为单位进行划分。

这幅日历令人陶醉，需要花些时间来细细品味。现在请将注意力放在每个小方格上，你们会轻松地发现所有已经发生和即将发生的事情。每个方格的可视化表达十分明确，这上面有和老板商讨加薪的重要会议，有购买混合动力汽车贷款时需要支付的最后一期款项，也有子女的入学时间。有预见能力的人，也许会在某个遥远的方格里，在贷款到期或 30 年国债到期时，看到一束微光亮起。

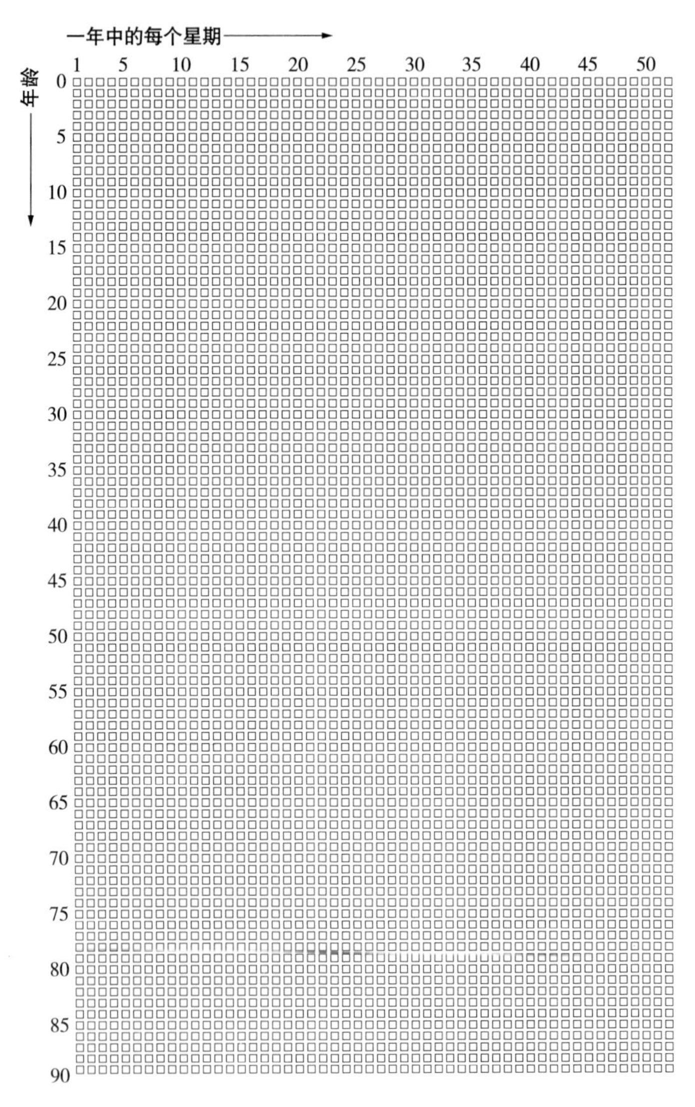

图 0.1　一位 90 岁老人以星期计算的人生日历

一般来说，我们在制订关于未来的计划时，离当下时间越远，那一大片方格会变得越发混沌、模糊，基本上毫无用处。

全球变暖带来的一个重要问题就在于，惰性使我们缺乏责任心，会把一个结果未知的问题拖到遥远的将来，而这种拖延不会对我们现在所处的方格立刻产生影响。

我们不停地将一个严重的问题转移到另一个模糊的方格里，宇宙的回声仿佛在我们耳边回荡，留下一句：“关我何事。”

说起来很可悲，尽管我们有责任将一个完好的地球留给子孙后代，但和地球平均气温长期升高产生的影响相比，我们更关心的是后人对最新款苹果手机的需求，而对亟待解决的环境问题并没有那么敏感。

还有另一个相关方面需要考虑，现在已经有接近80亿人口住在地球这艘美丽的宇宙飞船上，这是一场盛大的集会。演唱会上，当所有人聚集起来，兴高采烈地与台上偶像合唱时，群体会成为一处亮点。然而，当一群人流动起来，变得模糊不清，群体也会变得危险，每个人都有属于自己的难题和属于自己的“一亩三分地”。

这可能是造成主动冷漠现象的重要原因。

在无法避免的全球变暖和环境灾难面前，可怜悲惨的“我”算什么？“我”能做些什么？如果很难看到最终结果，那又该如何衡量“我”在一场战争中所做的贡献呢？

机会主义行为一触即发。比如在公寓楼的垃圾站前，你发现把比萨盒扔错了垃圾桶，但又转念一想：“在一堆垃圾里，一个小错误不会对垃圾分类造成任何影响，不要紧的。”

如果一个人迷失在群体中，不赋予其边际贡献以具体意义，他不仅会丧失自我价值，还会影响集体性行为的形成。从积极的角度来说，这也是为什么格蕾塔·通贝里（Greta Thunberg）[1]成为具有象征意义的人物，她和她发起的“未来星期五”（Fridays for Future）运动成功地唤醒了有惰性的人，提高了他们对于社会意识的关注度。

说到全球变暖，还有一部伟大的奇幻剧集《权力的游戏》可以帮助我们进一步了解这一现象。尽管这个故事的主题是“凛冬将至”（Winter is Coming），它和我们当前所面临的情况其实有许多相似之处。来自绝境长城之外的异鬼（White Walkers）大军来袭，危险降临，大家对此议论纷纷。没人知道这些异鬼从何而来，只有《圣经》记载道：一切都源于遥远的过去，那时人类破坏了和自然的关系。和全球变暖一样，“凛冬将至”贯穿这部剧的每一季，成为老生常谈，人们几乎忘记了它带来的威胁。每个家族、每个人物都在为攘权夺利而进行斗争。只有到了最后一季，各大家

① 瑞典青年活动人士、政治活动家和激进环保倡议者。——译者注

族才决定联合起来，共同抗击异鬼，但这种合作十分脆弱与不稳定，各方激烈的利益冲突仍会在不经意间表现出来。

政治家们参加多边会议时，有时会陷入僵局。我们会注意到，利益冲突的成因十分复杂，往往参与谈判的人数越多，问题就会变得越复杂。

情绪和环境会对我们的行为产生影响，使我们的大脑能更好地运转。心理学家乔纳森·海特（Jonathan Haidt）曾提出一个生动的比喻，可以帮我们更好地理解这一概念。海特认为，“大脑”只是一个器官，而当我们讨论另一个概念——“头脑”时，则需要厘清这二者的区别。他和丹尼尔·卡尼曼（Daniel Kahneman）[①]的观点一致，认为我们的头脑中存在两个角色，即系统 1 和系统 2，我们也会在下文中继续讨论这一问题。系统 1 是我们的原始思维，通过无意识的自主行为迅速

① 以色列认知心理学家，2002 年诺贝尔经济学奖获得者，美国普林斯顿大学心理学和公共事务教授。——译者注

对外界刺激做出反应。

如果我问你们："2加2等于几？"算都不用算，"4"这个答案会立即从你们脑袋里蹦出来。

系统2则更偏向理性认知，会停下来思考应对策略，然后选出合适的行动。

海特用两个深入人心的意象来描述这两个系统——大象和骑象人。

大象是什么？大象是指导我们行为的情绪。大象是一种巨型动物，它们一旦走动起来，就很难停下。同样，如果我们预定了一趟前往巴黎的航班，但在登机前一天，有一架飞机在巴黎坠毁，我们内心就会被激起对乘坐飞机的非理性恐惧，脑中的大象开始狂奔。

统计数据显示，虽然飞机是世界上最安全的交通工具之一，此时这些数据却显得毫无说服力，尤其是当刚刚坠毁了一架飞机的时候。这就是我们脑中骑象人的作用，不过要重新控制一头狂奔的大象并非易事。

我们在面对全球变暖时，脑中的大象和骑象人并不总是能融洽地走在一起，因为一系列的认知陷阱会使沿途障碍重重。

人们不断加深对全球变暖的认知，随之而来的一个问题便与捷径思维有关，这种思维模式通常会让我们犯下错误。弗吉尼亚大学的研究人员曾做过一项实验来观察 1500 名受试者处理问题的方式。实验中，有一所用乐高积木搭成的小房子，摇摇欲坠的屋顶上放了一个小人，参与者被要求加固这一房屋结构。实验结果表明，通常情况下，大多数参与者倾向于通过“做加法”来解决问题，即增添积木块来加固结构，其实最佳解决方案是直接去掉原本固定屋顶的不稳定支柱。

这种“做加法”而不是“做减法”的解决问题的方式，也同样体现在我们对问题的分析和思考上。

经济与生产体系的可持续转型是一个复杂的过程，充满不确定性，很难实现经济发展与环境保护相协调。制定中长期的解决方案同样具有挑战性，因为我们不可避免地需要做出一些牺牲，环境税、能源效率、资源再利用都与我们习惯“做加法”的价值体系相冲突。

注意，在这本书中，你们找不到任何关于“做减法”的赞誉之词，因为我认为那并不是一种科学的手段。但我会试着去推动另一种复杂文化的发展，这需要长期性视角，同时也需要结合“做加法”的方式。为了实现这种方式，可能要在某些方面做出牺牲或付出代价。

就解决方案而言，在我看来，智人倾向于通过“做加法”来解决问题，这种倾向应该推动我们彻底改变全球变暖的传播方法。推翻《圣经》中那种预示灾难降临的千禧年说，我们可以更好地认识人类社会的运作机制。

我们应该以建设性视角看待全球变暖的传播，不应只局限于从前那种基于“凡人皆有一死”的攻击性论调，展现出人与自然和谐相处的优势与好处。

伍迪·艾伦（Woody Allen）[①] 年轻时出演过一部唯

① 美国演员、编剧、导演。

美的电影《爱与死》，片中男主角鲍里斯混进俄国皇宫，假扮外交官，计划刺杀拿破仑·波拿巴（Napoleone Bonaparte）。当被人问到拿破仑与俄国计划签署的《和平协议》的进展时，他语出惊人："特别好，细节问题我们都已经处理好了，现在主要问题仍待解决。"这个可怕的悖论恰好展现了当下智人在应对全球变暖和其他挑战时的不作为。

《看不见的大象》试图解释这种不作为的原因，让人们更好地认识到为什么智人很难改变其惰性行为。本书每章都参考了科学可靠的文献，正因为如此，书中不会给出某种神奇配方或一条既定道路，而只有一些问题和宝贵的数据，同时本书也诚实地承认了其知识的局限性，提出了一些有事实依据的建议。

阐述完本书的写作目的后，希望我的文字能让你们有所收获，享受阅读的乐趣。最后，我想向已经看到此处的读者送上祝福：地球飞船上的无声革命仍在继续，祝你们旅途愉快。

第一章

数学的复杂性

我们如何以非二元的方式解读世界

“我知道2加2等于4，我也想知道为什么，但要承认的是，如果我能让2加2等于5，我会更满意的。”

上文是1813年乔治·戈登·拜伦（George Gordon Byron）勋爵对他未来的妻子安娜贝拉写的一句话。

我们经常会提起“复杂性”一词，但当它对我们的生活产生影响时，我们却很难将其具象化。如果我们将关注点放在数学的复杂性上，我可以想象到，正在学习的大家头上直冒汗，眉头紧锁，以为自己读错了书。

我们应该讨论全球变暖问题，尤其应该关注我们为何会导致全球变暖以及如何避免其后果。但是，我们也有必要直面数学的复杂性，了解它引发我们这些忧虑的根本原因。

直面数学的复杂性，最好的方式是站在更远的地方去解读它，我这里所说的“更远”，是指回到几个世纪以前。

更确切地说，让我们把时间拉回 1543 年……

彼时的德国，路德教徒与天主教徒间内斗不断，残暴的再洗礼派起义令明斯特公社陷入一片混乱，令人印象深刻。但我们今天的聚焦点并不在这里。就在 1543 年 5 月底，一位名为尼古拉·哥白尼（Nicolò Copernico）的波兰天文学家出版了《天体运行论》，这本书注定要引发人类史上最重要的科学革命之一。其实“科学革命”一词就起源于哥白尼。

这是一场沉默的、无意识的革命，如同地球这艘穿梭于宇宙之间的美丽飞船，免费运载着每个人。然而事实是，这本书发表后过了相当长的一段时间，才引起一些讨论。

1543 年一直是个令我着迷的年份。研究科学史的学者们都知道，在这一年，哥白尼出版了《天体运行论》。尽管他在书中清晰地阐述了地球围绕太阳转动的观点，这一发现在当时的科学界并未引起任何反响。这是科学的一次飞跃，但并没有立即引起轩然大波。1616 年之前，哥白尼可以在大学里教授他的理论，天文学家们也可以自由地阅读这本著作。公历至今仍被广泛用于标示日期，哥白尼理论在公历的引入中起着举足轻重的作用，受到了当时知识界的高度认可。

直到 1610 年，伽利略通过自己发明的天文望远镜进行实证观察，并将观察结果公开发表，这一话题才引起了广泛关注。伽利略积极参与了关于托勒密和哥白尼的天体学说的争论，坚定地支持哥白尼的理论，引发了罗马教廷的介入。当时的科学界遂决定采取措施，于 1616 年将《天体运行论》列为禁书。

从情感维度上看，73 年对于“革命”这个词来说并不算短暂。可你们不觉得这场革命过于平静吗？特别是考虑到它是由外生事件引起，也就是由一位意大利天才科学家参与的争论所引起。

因此，此时此刻，我们可以问自己一个简单的问题：为什么这个过程要花费这么长时间呢？

答案是：哥白尼的书很难读懂。

具体来说，他提出了一些复杂的数学概念，只引起了几位老顽固学者的注意，并未进入大众视野。实际上，这只是时机未到。如果没有伽利略的坚持和他尖锐而傲慢的言论，这本书可能一直默默无闻，在图书馆的书架上积尘。

这个故事给我们的启发是什么呢？

一个正确的观点并不会立马被广泛接受，成为普遍共识。

托马斯·库恩（Thomas Kuhn）在《科学革命的结构》[1]一书中提出，范式转换的过程往往是缓慢的，因

---

① Thomas Kuhn, *La struttura delle rivoluzioni scientifiche*, Einaudi, Torino 1962.

为学术界常常出于对旧有世界观的兴趣而抵制新观念的引入。简单来说，如果伽利略没有坚持不懈地探讨哥白尼的观点，那么这些观点只会被视为一些复杂数学计算的结果，很少有人会知晓，更不会认为它们能推动一次变革。

我接下来会讨论上述事件与全球变暖的关系。即使在这种情况下，我们仍陷入了一种明显的自相矛盾之中。事实上，联合国政府间气候变化专门委员会（IPCC）[①]会定期发布关于人类活动导致大气中二氧化碳浓度不断增加的相关数据，此举已经有 30 年之久。

这种自相矛盾就在于，除少数声音外（通常受到既得利益和非法压力的影响）[②]，科学界一致认同需要找出人类活动与地球平均温度升高之间的联系。

鉴于报告一直在更新，此处只简单引用从现在到 21

① 联合国政府间气候变化专门委员会（Intergovernmental Panel on Climate Change，IPCC）是世界气象组织及联合国环境规划署于 1988 年联合建立的政府间机构，旨在研究全球变暖。

② 《纽约时报》的一篇文章总结了带有 #exxonknew 话题标签的相关事件。

世纪末的预测数据：如果没有采取大规模、具体的干预措施来减少大气中导致气候变化的气体排放量，最有可能的情况是到2100年，地球的平均温度将上升约3摄氏度。

联合国政府间气候变化专门委员会发布的报告《2021年气候变化：自然科学基础》[①]中提道："毋庸置疑，人类活动已经引起了大气、海洋和陆地的变暖。大气、海洋、冰冻圈和生物圈都发生了广泛而迅速的变化。""整个气候系统近期变化的规模以及气候系统各个方面的现状在过去几个世纪甚至几千年来都是前所未有的。"

这两句话作为经验证据，会被人们永远铭记于心。格蕾塔·通贝里凭借她的媒体影响力和她发起的"未来星期五"运动，将全球变暖推到了舆论中心，这与伽利略对世界产生的巨大影响有很多相似之处。社会、经济

① 完整报告见此链接：https://www.ipcc.ch/report/ar6/wg1/。

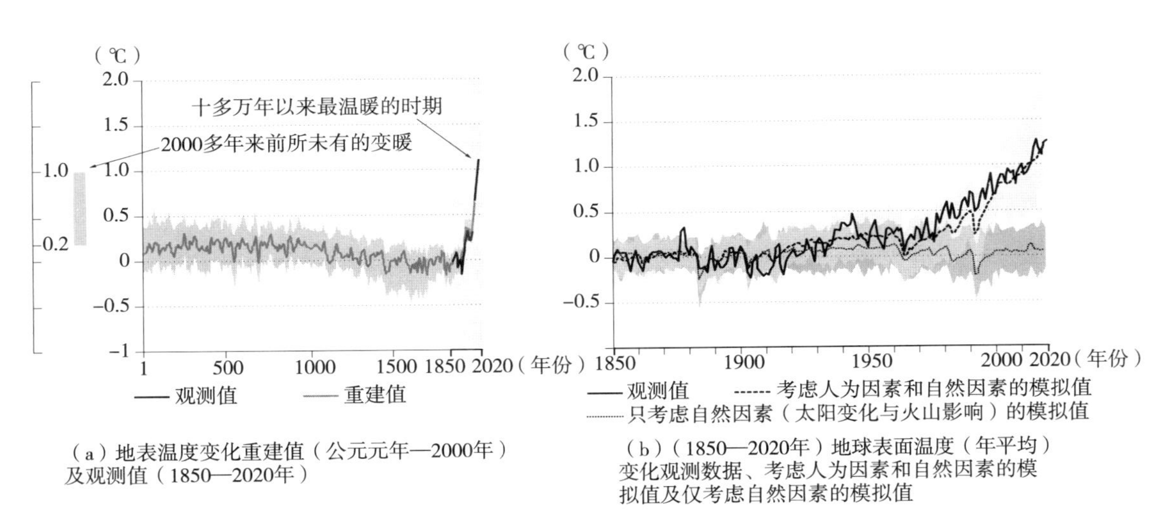

图 1.1　1850—1900 年地表温度变化

注：摘自联合国政府间气候变化专门委员会发布的第六次气候变化评估报告：左图呈现了自公元元年至 2020 年地球上记录的平均温度增加情况；右图对比了自然事件（即人类没有干预的事件）对气候变化产生的影响和人类活动对其产生的影响。

和生产界对她持消极态度，就像 17 世纪亚里士多德学术界对伽利略的抵制一样。如今，人们对这场变革的抵制也是因为很难理解全球变暖对他们生活的影响。

只要气候模型的复杂性仍然停留在纸面上，我们就没有具体的理由，也没有必要转向一个低碳化的世界。禁忌话题也不会引起人们的不适，因为复杂的问题带来的是一次次难以改变的困难情况，而我们作为每天都在做决策的人，我们的现实生活与这个问题其实相距甚远。

数学的复杂性导致了这种割裂的局面，我并不打算对此进行解释，因为我不是数学家。但是在认识论方面，我想强调几点，相较于其他方面，这种复杂性更加阻碍我们的认知，模糊我们的选择。因此，在接下来的内容中，我将介绍全球变暖在数学方面的一些特点。正是这些特点使全球变暖成为我们感知中相对迟钝、不够鲜活的问题。

复杂系统的要素

谈到复杂性，我们会本能地立刻想到系统这个概念。系统是一种有趣的数学对象，由三个要素构成。

一是组成系统的元素。正是由于元素的存在，系统才得以形成，元素构成了系统的本质。比如，森林生态系统中的树木、人体中的器官，或者一支球队中的球员。

二是元素之间的关系。在一个系统中，元素之间都是相互关联的。例如，球队中的球员通过比赛的类型和球网的放置而形成一个系统；呼吸系统中的器官相互协作，执行着将氧气带入体内并排出二氧化碳的重要功能；在森林这个超级有机体中，树木作为森林的元素之一，通过地下复杂的根系网络进行信息交流。

三是目标。每个系统都有一个目标或作用，足球队的目标是赢得比赛，学生和老师所在的班级的目标是学习，人体器官执行着人类健康生活的功能。

如果我们从数学的角度看待系统，可能会犯这样一个错误：脱离花朵整体，来看待单独的花瓣。

有一个广为流传的故事，讲述了一只大象来到一个印度的村庄。在那个村庄里住着一些盲人智者，他们并不认识大象。由于每个人只能摸到大象的一部分，他们对大象的认识就被局限在自己所接触到的那部分。因此，大象对他们来说可能是一把扇子、一把矛、一条蛇、一面墙，或者是一根柱子，这完全取决于他们所触摸到的是大象的耳朵、象牙、尾巴、身体还是一条腿。

这是个很好的隐喻故事，解释了系统思维或心理学中的格式塔概念，即整体总是大于部分之和。而事实是，如果你是这个整体的一部分，会很难理解元素之间的相互依存关系。

你报了门瑜伽课，想着对自己的身体有好处，但其实心里并不太想去上课。有一天晚上，在结束一整天的工作后，你感到又累又有压力，明天还要继续面对艰难的工作。这时候，你需要决定是否去上课，这个选择显然是你的个人行为。然而，在这个决策中不仅只有你一个人，还有一个被社会科学文献称为“理性的我们”（we rationality）[①] 的群体参与其中。这就意味着理性的选择不仅是个人行为，还是集体行为，因为做出这些选择的人实际上是复杂系统的一部分（在上述情况下，复杂系统是报名瑜伽课的所有学生）。如果参加课程的人数超过某个数量，你可能会下定决心去上课，但你个人的选择也同样对实现这一目标起着作用。

复杂的系统本质上是流动的，这使我们很难准确判断现实中的哪个具体事实应该归因于系统中的哪个特定元素。气候系统由众多变量组成，这些变量之间

---

① Robert Sugden e Martin Hollis, Rationality in Action, *Mind. New Series*, gennaio 1993, No. 405, pp. 1–35.

存在着动态关系，很难用开关或二进制的方式来解读现实。气候系统显然正在经历由人类活动引起的变暖过程，这一系统中的某些元素确实与温度升高（地球表面的摄氏度增加）有关，而其他元素则有助于地球的再生（吸收太阳辐射的气溶胶）。

气候模型之所以复杂，主要是因为它们无法提供确切的预测结果。由于人类对信息的吸收和解读能力有限，我们往往需要将重新审视的结构视为一个不稳定的元素。

气候系统的复杂性还体现在人们经常忽视物质存量和流量之间的差异，而这一点在我们提及温度或每百万个空气颗粒中二氧化碳的浓度时尤为重要。

存量是指随时间积存的量，而流量，顾名思义，是流动的。用浴缸的比喻可以帮助我们更好理解这两个概念。

浴缸中有一个可以随意关闭的进水水龙头，进水的流量遵循一定的动态规律，同时还有一个控制出水流量的出水水龙头。浴缸可以积水或者放水。

图 1.2 很好地解释了复杂的气候系统以及大气中的二氧化碳和其他影响气候的气体的作用。碳循环非常复杂，主要过程如下：空气中的二氧化碳分子既可以被生物圈或海洋吸收（也可以从这两个地方释放），也可以溶解在雨水中，与石灰岩发生反应，或是在海底的生物地球化学循环过程中被海洋表面吸收（同时引发其他吸收过程），还可以与火山岩反应，随后重新释放到大气中。我并不想让读者感到沮丧，但总而言之，我们排放的一部分二氧化碳可以持续循环数千年。

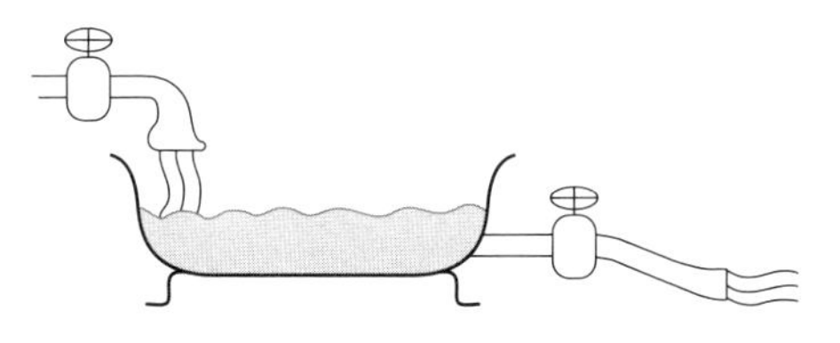

图 1.2　存量与流量：浴缸的隐喻

这意味着在应对全球变暖时，我们必须减缓水龙头出水（即通过企业和消费者的经济生产活动所排放出的二氧化碳）的速度，以实现碳排放的净值为零。

这就是到 2050 年实现“净零排放”（net zero）的含义，即进入浴缸的水量必须与流出的水量保持平衡。除了这种小集团性质的集体行动外，我们还要考虑清空水箱，因为二氧化碳的浓度仍在继续增长，并将随着时间的推移对环境产生影响。“正碳”（carbon positive）一词所指的正是这一概念框架，正碳包括封存和捕集大气中二氧化碳的所有技术。

在面对系统性问题的每一个分岔口和十字路口时，我们的头脑常常会抵触并倾向于屈服，而我们对这些问题的评价则极具讽刺性，同时也非常简洁——这是一个复杂的问题。这是个数学问题。

非线性

经过数百万年的演化，智人的大脑以一种奇妙的方式进化，使我们能够做出惊人的事情并成为地球上的主导物种。在进化过程中，我们用到了我们最擅长的事情——八卦。尤瓦尔·诺亚·赫拉利（Yuval Noah Harari）[1] 提出，人类社区诞生于群体内的故事分享。当规则和信息集中形成一个系统时（注意，再强调一遍这里的用词），群体也随之变得更加社会化。如今，讲故事的艺术强调了我们的一种精神需求，简单来说，这是人类追求线性世界的需求，因为通过故事我们能够更好地理解规则、处理信息（接下来我会继续深入探讨这个话题）。

如果空间中有两个点，连接它们的线会立即引起我们的注意。线性数学非常简单，就像通过故事将两个遥远的地点连接起来一样。我们在中学便学习了直线方程，并一直对其进行实际应用。然而，问题在于，生活中一个事件或一个过程通常不是线性的。

经济学在研究收入与幸福之间的关系时，发现二者之间呈现正相关的趋势，但并非线性的。如果一个

① 以色列历史学家、哲学家、作家。——译者注

人的收入增加了 1 个单位（如 1 欧元、1 美元或其他任何一种货币），幸福感的增长并不会以线性的方式持续增加，因为在达到一定水平后，其他要素开始在关系中起主导作用。

疫情暴发时，病毒首先在易感人群中传播，它的动态规律并非线性，而是呈指数级增长。如果按照非紧急状态下制定的隔离策略来决定重症病房的使用，同时让接种疫苗的人口数量呈线性增长，那么从数学的角度来看，除非病毒本身的传播被有效阻止，否则它最终将在未接种疫苗的人群中传播开来。指数型的非线性动态既迷人又可怕，这一点在关于发明国际象棋的著名故事中有所体现。本文摘录的是这个故事的众多版本之一：

来自远方的大使向国王展示国际象棋，国王对此感到既困惑又好奇。了解规则并进行了赛前热身后，双方全身心地投入比赛，整晚都在互相挑战。尽管国王屡次失败，但他学会了欣赏国际象棋的美妙之处和客人的才华。因此，尽管失败了无数次，他仍想表达自己的感激之情，于是邀请大使许一个愿望，并承诺无论是什么愿望都会满足。大使给出了一个奇特的回答，他要求在棋盘的第 1 个格子放 1 粒米，在第 2 个格子放 2 粒米，第 3 个格子放 4 粒米，以此类推，不断加倍，直到填满 64 个格子。

国王对他如此朴实的要求感到惊讶，当即命令财务大臣去满足他这个“廉价”的愿望。

这位官员花了一个多星期的时间进行计算，最终得出了一个完全无法实现的数字。于是，他向国王汇报：“不仅是王国内所有的大米收成不足以给大使支付，全世界的收成也无法满足对他的承诺！未来十年内全世界生产的所有大米加起来都不足以兑现他的要求！”

我们一起来算一下，第 1 个格子中放 1 粒米，第 2 个格子中放 2 粒米，第 3 个格子中放 4 粒米，第 4 个格子中放 8 粒米，第 5 个格子中放 16 粒米，以此类推。加倍定律一直持续到第 64 个格子，那里将被放 2^{63} 粒米。因此，一共会得到：

$$1+2+2^2+2^3+2^4+\cdots+2^{63}=2^0+2^1+2^2+2^3+2^4+\cdots+2^{63}=18446744073709551615$$

1844 多吉粒米。

约 1.8 万亿吨，是 3000 年的世界小麦产量。

这个故事说明非线性是很可怕的，总会带给我们惊讶和震撼，会打破我们的舒适圈。在气候系统中，非线性是其本质，因为系统中一个变量的变化可以对另一个变量产生影响，并以意想不到的方式加速。因此，冰冻圈的融化速度甚至会随着时间的推移而加速。

事实上，由于我们的线性思维，我们倾向于认为不同情况下温度升高 1 摄氏度产生的效果都是相同的，无论这种增加发生在 [0，1] 的范围内，还是在 [1，2] 或 [2，3] 的范围内。然而，由于气候系统中各个要素之间的相互依存关系会产生非线性效应，从而导致一些突发的、意想不到的变化，温度升高1摄氏度在这三种情况下产生的后果是截然不同的。

因果关系

我们说过，自智人在地球上开始活动以来，一直在讲故事。讲故事、创造神话是我们用来分享知识的一种方式。可以说，人类的本能是在叙述中寻求对世界的解释，从而得以迅速理解现实生活而不迷失在复杂纷扰的古代宇宙观中。

这一特质与前文提到的线性特点并存，从统计学的角度来看，它是“空洞的大脑准则”（vuoti normativi cerebrali）所带来的最严重的后果之一。这些准则干扰着我们的心智。虽然我们可以一再强调现实是复杂的，或者某一现象的动态性可以用多种因素来解释，但实际上，每个人的本能都很简单：即使面对的是复杂的精神生态问题，我们所讲的故事也能快速将各个要点联系起来。

心理学家罗伊·F. 鲍迈斯特（Roy F. Baumeister）曾就其提出的自我损耗理论[①]进行过多次实验研究。实验中，参与者需要解决一些数学问题（如数独）或完成认知测试。结果显示，在有巧克力的房间里，相较于有水果和蔬菜的房间，参与者更容易放弃寻找解决方案。这是为什么呢？因为美味的食物会激发我们抵制诱惑的意愿，进而消耗我们的心理力量，耗尽我们的能量电池。

在我们试图解读现实时，通过使用明确的叙事方式来简化复杂的过程，有助于减少认知努力。我们对于这种曲解有多种定义，如后此谬误、相关性不等于因果性或虚假性谬误。

当两个现象先后发生时，即使它们之间没有因果

① Roy F. Baumeister, Ellen Bratslavsky, Mark Muraven e Dianne M. Tice, Ego depletion: Is the active self a limited resource, in *Journal of personality and social psychology*, 1998, vol. 74, No.5, p. 1252. Per saperne di più: https://www.stateofmind.it/2017/10/ego-deple-tion-autocontrollo-rimuginio/.

关系，我们往往会将第二个现象视为第一个现象的结果。物理学及其物理规律之所以会成为一门硬科学，是因为它总是将强有力的因果关系作为独立的实体加以研究。这也是为什么当经济学或心理学自称为社会科学时，很多人对它嗤之以鼻。因为社会科学涉及非标量概念（如人类），它们会以一种不可控制或无法预测的方式干预现象，让辨别因果关系和结果的经验性实践成为一项艰巨的任务。

这个任务并非无法完成，而是极其困难。

在众多研究虚假相关[①]的项目中，我们随便选一个进行研究，就会发现我们对自己倾向于回避复杂性的行为的辩解显得相当可笑。

尼古拉斯·凯奇（Nicolas Cage）可能不是一个家喻户晓的演员，但可怜的他绝对不应该为美国游泳池中溺水的人数负责（如图 1.3）。

① 有个网站上全是相关的、具有指导性的、有趣的案例。

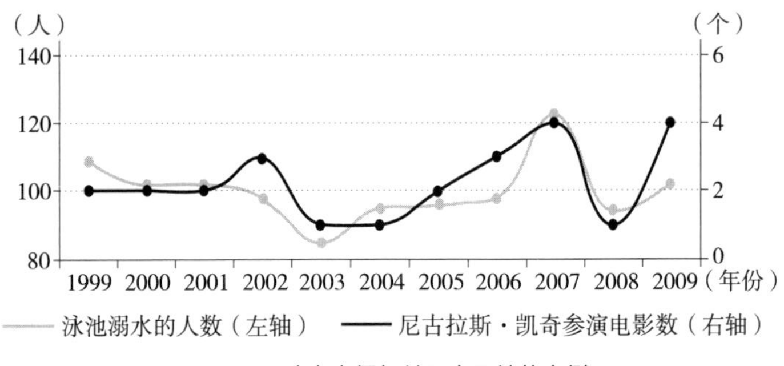

图 1.3 选自虚假相关研究网站的案例

也许你会轻蔑一笑，认为图中这些几乎完全相关的事实都是有意挑选出来的，与我们的决定完全无关。但如果我们以接种疫苗后被诊断患有自闭症的孩子为例，或以领取失业救济金后找到工作的人为例，那么对于这个问题的微妙之处就更容易理解了。

只有通过一个严格的实验，才能把两个在所有方面都一样，只有一个特征不同（如接种疫苗或领取国家补贴）的群体进行比较，从而验证这一特征对结果的影响（第一种情况下是被诊断为自闭症的概率，第二种情况下是失业后是否找到工作）。否则，简单的相关性可能会产生巨大的噪声干扰，造成我们对现实的误解。实际上，我们的大脑中总有一个小人试图冲动地将一系列事实联系起来，相信它们之间存在某种因果关系。

对复杂性的理解并不是智人的内在特征，我们需要受到训练和教育，进行大量的学习，在智力上保持谦卑。

由于气候系统中各现象之间的相互关系、非线性变化以及多种因素的同时作用，简单化解读并不适用对气候系统的理解。然而，当春天来临时，一场意想不到的冰雹突然毁了你在海滩度假的周末，这时你的脑海中可能会有个声音在大声尖叫："原来这就是他们所说的气候变化。"

虽然有大量的数据表明地球的平均温度正在不断上升，而在我们所假设的这个春季，却出现了一场冰雹。几乎可以肯定的是，即使我们没有查验任何数据或感受到迫切需求，我们脑海中仍会出现对事物进行简单化解读的倾向。

让我们来做一个思维实验：想象一下，你每天乘坐同一列火车通勤，为了能更快下车，你养成了在列车进站前几秒从座位上起身的习惯。当列车停下来时，你下车离去，日复一日。

现在请回答这个问题："列车停下是因为你起身了，还是因为它进站了？"

请一定注意"因为"一词的用法。

结构不确定性

我们做了一个特别有趣的实验。我们试着将联合国政府间气候变化专门委员会发布的报告文本在线上传到某一软件中，并在接下来的页面中生成相应的词云图，词云图中单词的字号越大，表示其使用频率越高（如图 1.4）。

除了一些介词以及与物理气候学相关的术语，使用频率较高的词汇还包括：confidence（信心）、likely

（可能）、high（高）、medium（中）、low（低）、variability（多变性）、projected（预期的）、scenarios（情景）。

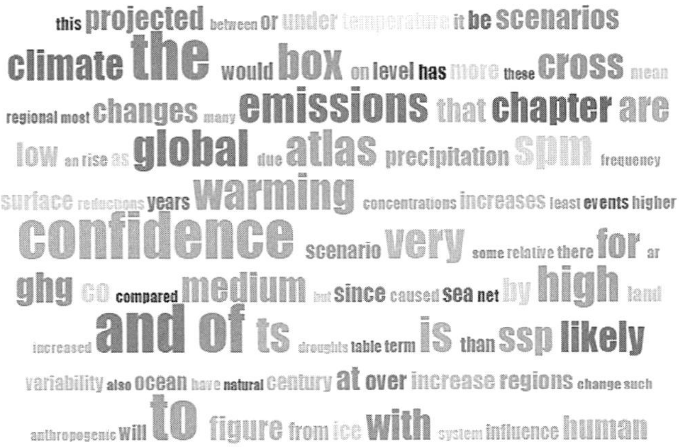

图 1.4 《气候变化 2021：自然科学基础》（决策者摘要）词云图

气候系统的复杂性，以及气候变化的非线性和其中难以确定的因果关系，引出了我们对数学的本能敌意中的最后一个要素——结构的不确定性。

人类本能地不喜欢冒险，也不太喜欢处理细微的差异。实际上，在面对认知科学中的一个关键定律——不确定性时，由于其复杂的运作机制，人类常常感到吃力。

所有在结构上存在不确定性的事物，不仅让我们无法做出确定性的预测，而且在定义上也较为模糊。从结构的角度来看，它们也永远无法简化为二元概念，例如，是或否、开或关。

面对气候和全球变暖问题，我们必须尽可能平静地进入一个充斥着错误、可能性和流动性的世界。在这个世界里，并没有像“我们必须在 2050 年之前避免不可逆转的变化”这样的最后期限。相反，我们需要基于数据进行判断，不断更新我们的知识储备，用我们的经验基础来认知世界、建构世界。

人有时可能会犯错，对此我们应该保持冷静，最重要的是，我们应该摒弃不能犯错的观念。科学的力量是强大的，但它仍不可避免地会与结构不确定性的世界有关。

这就意味着我们无法一次性将拼图的所有部分都放到位，不过我们可以运用理性和确定性来推测故事情节，或者用英语中说的所谓的“大局”(big picture)。

不完美或未完成的特性有时会扰乱我们的思绪，但让我们试着将这种特质与威廉·布莱克（William Blake）在他赞颂老虎的音乐诗中所展现的美联系起来。尽管诗歌中的韵脚不那么完美，却以一种催眠曲般的和谐在诗段之间流转——“是怎样的神手或天眼造出了你这样的威武堂堂？”①（What immortal hand or eye could frame thy fearful simmetry）。

我们对对称性的欣赏使我们能勇敢地追求、探索夸张的对称之美，而气候数学和对称性一样，同样令人陶醉。

① 郭沫若．英诗译稿［M］．上海：上海译文出版社，1981．——译者注

第二章

着眼未来

我们如何学会用更有远见的
思维预测未来

未来很快会成为过去。

——乔治·卡林（George Carlin）

哈姆雷特与复仇

“赶快告诉我，我要插起翅膀，快得像思想，像一往情深的怀念，马上去报仇。”[①] 哈姆雷特王子遇见他父亲的鬼魂时，他脱口而出这几句诗，恳求父亲消除他心中的疑虑，将他从两难境地中解救出来。到底杀不

① 莎士比亚．哈姆雷特［M］．卞之琳，译．北京：人民文学出版社，1989.——译者注

杀克劳狄斯叔叔？

这就是问题所在。

仔细看，悲剧一开场，这位莎士比亚笔下的伟大英雄就已经掌握了复仇所需的所有关键信息。他的叔叔毒杀了他的父亲，这一真相揭开了故事中所有的悬念。

至此，一段美妙而疲惫的旅程开始了，它将带领我们走进文学史上最精彩的人物的内心世界，那里充斥着疑虑和疯狂，最终化为血腥与暴力。

让我们来讨论一下，为什么在悲剧的发展中，有些人物的死亡毫无意义，这样的写法对现代戏剧和电影有什么好处。比如可怜的波洛涅斯，他虽然是个小气而又卑鄙的大臣，但罪不至死，却在丹麦王室的纷争中惨遭刺杀。还有无辜的奥菲莉亚，她为绝望而窒息的爱情付出了生命的代价。

哈姆雷特的犹豫不决，用行为科学的术语来说，哈姆雷特身上的惰性和拖延在心理学文学作品中经常被当成一个典型案例。导致他如此不安的原因有很多，比如他的疯狂影响了他的认知能力，让他在做决定时被情绪左右，失去理智；再就是他的道德顾虑，比如当他有机会刺杀正在祈祷的克劳狄斯叔叔时，明明剑就在手边，但他却放弃了复仇，因为他觉得不能在对方做这么虔诚的事情时行凶（最好是在他做坏事的时候抓住他）；最后，还存在一些不确定因素，因为他父亲的鬼魂可能只是幻觉，他所透露的真相也不一定可靠。

哈姆雷特遭遇的事情在人类的生活中并不少见。这样的事情时常发生，就算面对不那么复杂的情况，我们也很难做出决定来打破僵局。

因此，尽管丹麦国内腐败横行，也许是因为雪融化得太多，但人们、企业和社会都在积极采取行动，减轻全球变暖造成的影响。

在这种情况下，与拖延相关的一个最严重的经济问题是，我们需要好好考虑与未来的关系，特别是我们如何以合理的利率折现它的价值。

有句话说得好：今日一只蛋，胜过明天一只鸡。

眼前利益与长远未来

我们现在的大脑结构正是由这种思维方式塑造出来的。在狩猎采集型社会中，穴居人最关心的根本问题就是找到食物果腹以活到第二天。他们没有时间和精力去做长远的打算。即使过了数百万年，我们仍然受到这种原始本能的影响，对于“现在”（或者我们认为是“现在”）的事情，我们能够敏锐地察觉，但是对于那些看起来遥不可及的未来的事情，我们就很难有所行动。比如，我们很难拒绝高热量的奶油甜品，因为我们看不到吃了它会导致体重增加，也看不到我们第二天早上需要做更多的运动来消耗脂肪。

为什么很多人都不愿意存钱？因为他们只看到了手头的钱，而没有看到为了更美好的未来而存下哪怕一点点钱的好处。《消费者研究杂志》[①]是一本著名的社会科学期刊，它曾发表过一篇文章，探讨了这种心理现象的产生机制。文章中研究人员进行了一项实验，给两组印度农民6个月的期限进行储蓄存款。两组人的储蓄方案除了一个因素不同外，其余因素都相同。第一组人在7月收到储蓄方案，需要在12月之前达到存款目标；第二组人在8月收到方案，需要在第二年的1月实现目标。研究结果发现，第一组人的存款金额远超第二组人，因为在他们看来，12月还是今年的事情，属于“现在”（前面提到的概念），而第二年的1月则是明年的事情，是一个更远的期限。

对于这种行为模式，《哈利·波特》的书迷们应该并不陌生。在《哈利·波特与火焰杯》中，哈利·波特需要解开藏在金蛋里的线索来赢得三强争霸赛，但

---

① Yanping Tu e Soman Tilip, The Categorization of Time and Its Impact on Task Initiation, in *Journal of Consumer Research*, 2014, vol. 41, No. 3, pp. 810–822, DOI:10.1086/677840.

他表现得心不在焉，直到最后关头，他的积极性才被调动起来。因为圣诞节即将到来，这一年也快结束了，而他还没能解开困扰他的谜题。正是假期的临近让他清醒了过来，推动了故事情节的发展。

我们在学习、考试或交接工作时，经常会遇到拖延的问题。如果截止日期还很远，我们的大脑就会如图 2.1 所示的那样进行规划，提前估计好完成任务需要多少工作量。然而事实证明，我们实际的工作分配通常如图 2.2 所示。

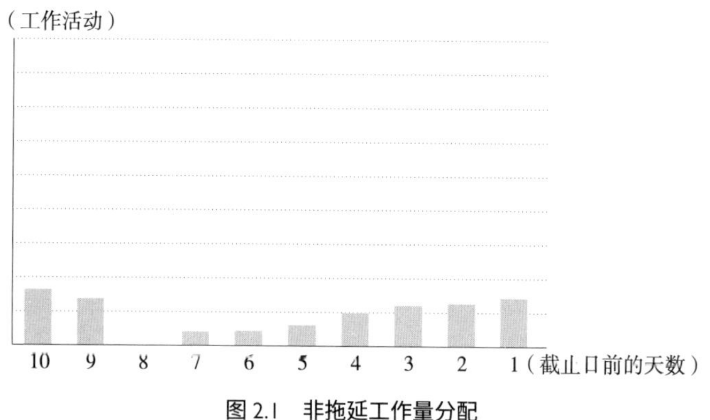

图 2.1　非拖延工作量分配

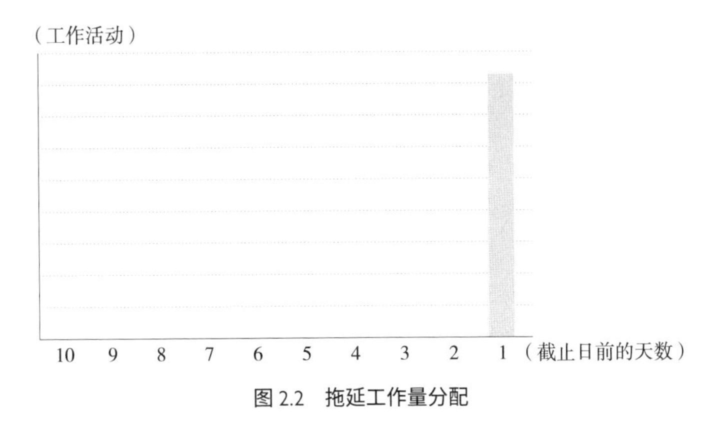

图 2.2　拖延工作量分配

著名漫画《卡尔文与霍布斯虎》中的一个情节验证了这一经验事实。主人公卡尔文在安静地玩沙子时，他的朋友霍布斯虎问他："你对你正在写的故事有什么想法吗？"卡尔文一边玩一边说："没呢，我在等灵感降临。创造力不是开关，不能随便打开，要有合适的心情才行。"霍布斯虎又问："那什么才是合适的心情？"卡尔文给出了一个传奇的答案："最后一刻的恐慌。"

全球变暖的数据，还有智人对这一挑战的困难性不够重视表现出的惰性，都与上文提到的心理陷阱完全吻合。

全球变暖使我们对未来失去了清晰的认知，因为我们作为独立的元素，身处一个复杂的人类系统中，需要做出许多相互关联的决定。本书引言中提到的一幅 90 岁老人的人生日历，在这种情况下，我们在决策和时间规划上会显得尤为混乱。

我们越是看不清模糊的未来，就越难对它做出选择。

我们的大脑更容易立马察觉眼前的利益，而忽视远方的利益。而且随着生活水平的提高，我们每天要面对的选择越来越多，越来越复杂，场面变得越发混乱。

“复杂”（complicato，在拉丁语中为 cum-plicato）一词本意为“有褶痕的”，就好比我们穿了一件皱皱巴巴的衬衫，感到不舒服。问题是我们要怎样找到一个合适的熨斗来“简化”做决策时面对的复杂情况。

预测未来需要训练

预测未来并不是人类与生俱来的能力，需要进行训练。我们来做个思维实验吧，试想一下，我拿着写好的书来到你家门口，作为礼物送给你，并向你提出："我现在把这本书和一盒五块装的巧克力都给你，还是下周再给你一盒十块装的巧克力？"

你们会怎么选择呢？

这个问题没有标准答案，有些人愿意再等七天，多得一些巧克力；有些人则急不可耐、馋嘴贪心，就想马上拿到礼物。

在第二个实验中，我同样会拿着这本书来到你家门口，但这次我要给你另一个选择："你现在就拿走这本书和一盒五块装的巧克力，还是再等一年零一个星期后，我给你一盒十块装的巧克力？"

你又会怎么选择呢?

我相信，大部分读者会拒绝第二个实验中的十块巧克力，虽然这两种情况本质上是相同的。毕竟，在第一个和第二个实验的第一种选择下，你都能得到五块巧克力，而只要你多等一个星期，就能得到十块巧克力。但是，在我们看来，从现在起一个星期和从现在起一年零一个星期似乎有很大区别。

如果你收到过心意宝（Smartbox）[①] 的礼物，你就会明白这种认知偏差很常见。心意宝会给你一本小册子，里面有很多可以在未来一年内预约周末水疗和指压按摩等的项目。我们的大脑也会随之放松下来，觉得一年的时间很充足，可以慢慢地在日历上挑选一个最合适的周末去享受项目。可是，时间慢慢流逝，我们常常会拖到最后一刻才匆忙地预约一个周末（那时候可选的项目已经不多了），甚至有时候还要续订已经

---

① 心意宝是一种全新概念的创意礼品，可以让用户选择体验不同主题的项目，比如水疗、按摩、餐厅用餐、酒店住宿等。——译者注

过期的心意宝。

我们在决策时往往缺乏远见，很少考虑明天的后果，这主要有两个原因：一方面，有些人可能会选择现在就享受一切，因为他们知道未来到来时，他们可能已经不在了。比如，如果我知道自己得了重病，10年后可能不在了，那么我就会理性地做出自私利己的选择，只为在有限的时间里获取最多的资源，这种情况是可以理解的。另一方面，我们缺乏耐心可能是由于我们对未来的认知有偏差，从经济学的角度看，这种偏差不仅会让我们过于看重当下的利益，还会使未来收益的折现率过高。

这是一个关乎全球变暖的重要话题，启发了许多重大研究项目，其中就包括《斯特恩报告》（*Stern Review*）[①]。尼古拉斯·斯特恩（Nicholas Stern）是一位经济学家，曾有在英国政府工作的经历，他曾负责协

---

① 报告全文见此链接：https://www.lse.ac.uk/granthaminstitute/publication/the-economics-of-cli-mate-change-the-stern-review/。

调一项科学项目，对气候变化给经济带来的影响进行了量化分析。该报告于2006年发布，指出为了避免气候变化造成的损失，每年需要投入世界GDP的1%—2%（约合80万亿美元）来应对气候变化，否则气候变化带来的成本可能高达总产值的20%。

这里也存在着今天与明天的冲突。其实这个争论的焦点就是跨时空折现率的问题：我们应该给未来多少关注度？这也是这项研究所关注的问题。未来几代人的福祉与现在地球上的人的福祉相比，我们要如何计算其中的利率？

这些问题很难回答，在一个追求即时满足的世界里，要清楚地看到一个不确定的未来是不容易的，尤其是当我们一时冲动快速做出选择的时候。

数字平台的世界建立在一种即时满足的理念上，这种满足通过点赞、收藏、实时动态等方式来实现，一切在24小时后就会消失，最后被人遗忘。网上购物的目的在于尽量减少从决定购买到下单的时间，以节省购物所需的时间。对这些互动空间的设计提出质疑是非常重要的，因为它们塑造了我们的日常生活，并且毫无疑问地增加了我们的选择难度。

在本书的最后几章，我们将探讨如何利用行为设计的方法，精准地干预我们的认知偏差，或者至少让我们更清醒地认识到可能存在的心理误区。其中一种方法就是利用奖励机制。在这个世界上，我们往往只会惩罚违规的行为，在行为科学领域，这也被称为“奖励替代”（reward substitution），或者说是糖衣炮弹法。它的意思是，奖励自己完成不想做的事情。比如说，如果我们讨厌熨衬衫，那我们可以边熨衬衫边看一部自己特别喜欢的电影。

一般来说，要让模糊不清的未来更能引起我们的关注，就需要把它变成一个我们能感受到的或者至少与我们决策相关的时间跨度。就像印度农民那样，他们突然发现 6 个月的截止日期已经很近了，所以必须在年底之前（而不是明年 1 月之前）开始存钱。

试想一下，在一个连续下雨的周末，你可以蜷缩在沙发上看网飞（Netflix），沉浸在电影的世界里。如果你每天晚上都是开电视的时候才决定看什么电影，你可能倾向于选择一些轻松愉快的片子，比如浪漫喜剧、动画电影或科幻电影。简单来说，就是追求即时的快乐。不论你有多喜欢艺术电影或者斯坦利·库布里克（Stanley Kubrick）[①]和阿巴斯·基亚罗斯塔米（Abbas Kiarostami）[②]的作品，但即时的快乐可能会让你不想看一部需要费心理解的电影。但是，如果你和你的伴侣提前商量好要看的电影清单，并且准备在接下来的周末里把它们都看了，那么你挑选一些深刻难懂的电影的可能性就会大大增加。

再举一个例子，我半夜上床睡觉时，设了第二天早上六点的闹钟，打算去运动，把本章开头提到的那些奶油甜品代谢掉，但是当闹钟响起时，我把闹钟延

① 奥地利犹太裔美国电影导演、编剧、制片人。——译者注
② 伊朗电影导演、编剧、制片人。——译者注

时了 5 分钟、10 分钟、20 分钟，最后索性打消了跑步的念头。

无论读这本书的人信仰什么宗教，我还想借用《圣经》里的一个例子来说明对未来的错误折现是如何招致祸患的。其实，我们的祖先就是因为急于尝试禁果的滋味，而失去了留在伊甸园享受永恒幸福的机会。

关于幸福这个敏感的话题，丹·吉尔伯特（Dan Gilbert）[①] 的研究表明，我们的行为在某些方面会加剧本章所说的惰性问题。你是否看过这些人的采访，他们在被确诊患有重病几个月后，却说这是他们一生中最美好的事情？或者那些足球运动员，在大俱乐部的青年队有了一个好的开局后，在低级别的比赛中迷失了自我，最后却在地方球队当教练而找到了自己的人生方向？或者想想那些失去百万财富的人，他们隐居

① 他有过一场经常的 TED 演讲，链接中这篇文章总结了他的一些观点：https://www.ted.com/talks/dan_gilbert_the_surprising_science_of_happiness?language=it。

山林，过起了自给自足的幸福生活，被媒体报道为自力更生和不断进步的典范。

吉尔伯特教授还讲述了一个关于披头士乐队第一任鼓手彼德·贝斯特（Pete Best）的精彩故事。彼德·贝斯特刚加入披头士不久，就被唱片公司解雇，因为他们觉得林戈·斯塔尔（Ringo Starr）比他更合适。多年以后，他作为一个匿名音乐人和制作人，向记者透露了离开披头士后他是如何成为世界上最幸福的人。

如果有个外星人降落到地球上，只能通过刚刚提到的这些案例来了解人类社会是如何运作的，他会带着这样一套幸福法则回到飞船上：

1. 患上一种可能致命的疾病；
2. 浪费你的天赋，永远不要成为体育明星；
3. 赚很多钱，然后放弃这些财富去过隐居的生活；
4. 永远不要加入披头士乐队。

开个玩笑。但是行为科学已经揭示了一种特质，即我们拥有一套心理免疫系统，这对智人来说既是一把利器，也是一种潜在的危险。也就是说，人类有时会根据自己遇到的事情，调整自己对世界的看法和对生活的满意度，迅速适应新的现实。

吉尔伯特和他的同事做了一个实验，让一些学生欣赏莫奈的画作，然后按照自己的喜好，把这些画从最喜欢到最不喜欢进行排序。排完序后，他们可以在两种情况下，从两幅画里挑一幅带回家。一组学生挑完画后，可以选择在接下来两周的时间里把画换成另外一幅，另一组学生则不能换画（实验者告诉他们画会在实验结束后两个小时寄给他们）。

实验的结果很有意思，那些可以换画的学生说他们对自己收到的礼物不太满意，而那些处于不利境地的学生，即不能换画的学生，却表示自己非常喜欢收到的画。

经过大脑生物学的研究证实，心理学层面对此的解释是，我们会让自己适应那些无法改变的现状，以至于最后真的会觉得它们符合自己的喜好。而矛盾之处在于，在一个有更多选择的环境里（比如这个实验中，可以换画），受试者反而会比那些选择少的人更不满意。

要总结实验室里的研究结果并不容易，但常识告诉我们，生活在一个有着无限选择的世界里是何等复杂。不管是消费还是其他方面，我们都被各种各样的选择包围。在这样的世界里，我们需要做出明智的决策，才能应对环境带来的挑战。

或许我们可以通过界定决策的边界条件，为未来做出更好的选择，享受更平静、更幸福的生活。

拉尔夫·L. 基尼（Ralph L. Keeney）[①] 在 2008 年发表的一篇论文中也强调了我们面临的这种矛盾。这篇论文有个相当骇人听闻、具有煽动性的标题——《个

① 拉尔夫·L. 基尼，美国决策咨询顾问，世界知名的解决复杂决策问题专家。——译者注

人决策是导致死亡的主要原因》[1]。这位学者分析了从20世纪初到21世纪初，美国国家统计局公布的死亡数据，筛选出了那些与不良决策有直接或间接性关联的死因。

他的实验结果乍看十分令人担忧。如今，智人死亡的原因中有相当大一部分（大约占总数的45%）都与错误决策有关，不论是开车时犯了错误导致的交通事故，还是因为不健康的生活习惯引发的心脏病或癌症，抑或是由于生产和消费上的错误选择造成的环境污染。然而，这一比例在1900年还不到死亡总人数的5%。

在那之后发生了什么变化呢？

实际上，在一个日渐全球化和相互关联的世界中，我们有更多的选择来决定我们的生活，但也使我们的选择变得更多元、更相互依赖、更艰难。这个世界就像一幅90岁老人的人生日历，用尽各种办法来抑制我

---

① Ralph L. Keeney, Personal Decisions are the Leading Cause of Death, in Operations Research, 2008, vol. 56, No. 6, https://doi.org/10.1287/opre.1080.0588.

们的认知。

我们不应该因为这样的世界而把自己束缚在反抗进步的卢德主义[①]中，止步不前，放弃我们繁荣、自由的生活。这再一次激励我们要界定决策的边界条件，让决策变得简单。这样，当未来有了清晰明确的边界后，我们才不会感到恐惧。

---

① 卢德主义指对新技术和新事物的一种盲目冲动反抗。——译者注

第三章

认知陷阱与思维捷径

我们为什么会错误感知世界

启发法与偏差

“人们常认为偶然性是一种自动修正的机制，它会让一个方向上的偏差引起另一个方向上的偏差，从而达到平衡。但实际上，偏差并不会像随机变化那样被‘修正’，而只会被淡化。”

这段话出自认知心理学奠基人之一的以色列心理学家阿莫斯·特沃斯基（Amos Tversky）。行为科学的核心问题是启发法与偏差，这也是本章的主题。这两个术语现在很流行，普通大众也对它们产生了研究兴趣，这是好事。这能让人们注意到一些不易理解的问题，但也有弊端，即容易导致概念的简单化，从而使它们失去原本的背景和意义。

启发法和偏差是两个外来词，我们有时候用它们只是为了故弄玄虚，而忽略了我们的语言可以用更简单和有效的方式来表达。因此，在接下来的内容中，我们将讨论认知陷阱与人类做决策的思维捷径这两个概念。

2002 年诺贝尔经济学奖得主丹尼尔·卡尼曼于 2016 年发表在《哈佛商业评论》[①] 上的一篇文章中用了一个很有说服力的隐喻。这个隐喻他后来也用在了他和卡斯·桑斯坦（Cass Sunstein）以及奥利维耶·西博尼（Olivier Sibony）合著的全球畅销书《噪声：人类判断的缺陷》[②] 里。

---

① Daniel Kahneman, Andrew M. Rosenfield, Linnea Gandhi e Tom Blaser, Noise: How to Overcome the High, Hidden Cost of Inconsistent Decision Making, in *Harvard Business Review*, 2016, pp. 36–43.

② Kahneman, Cass R. Sunstein e Olivier Sibony, *Rumore*: *un difetto del ragionamento umano*, UTET, Milano 2021.

图 3.1 展示的是四支队伍（A、B、C、D）的射箭结果，每个靶子中都标明了箭射中的位置。四支队伍在射箭比赛中相互较量，图中显示的是他们的成绩。

很明显，A 队的准确度最高，因为他们的箭射得非常靠近靶心。相反，B 队的准确度最低，他们的箭随机地分散在靶子上，偏离靶心，没有任何规律。

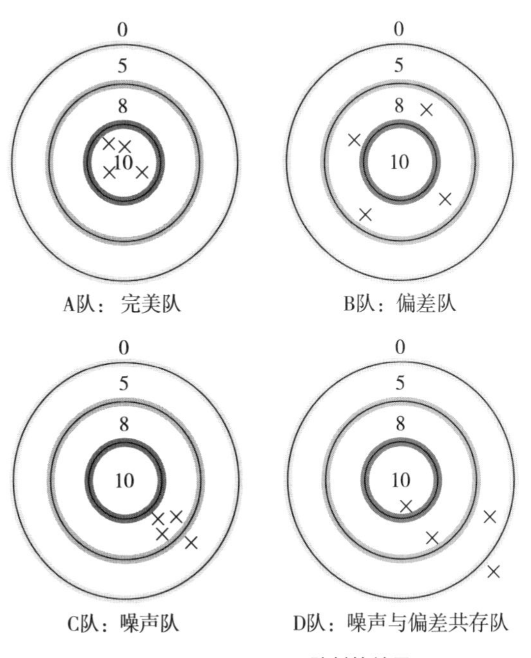

图 3.1　A、B、C、D 队射箭结果

真正的问题出在C队和D队上，尤其是D队。可以说，C队的射箭技术不错，但不知为何，他们一个靶心都没射中，而D队箭的落点都在靶心右下方，落点更加分散。

箭的落点位置说明了什么？这个隐喻如何能帮助我们理解人类决策的错误与弱点？

B队和C队的失误很明显，但都有一个共同点，就是他们的失误是系统性的。D队的失误不仅是系统性的，箭的落点也十分分散，在靶心周围充斥着许多“噪声”。

同样，我们在做决策时，思维的箭头往往与正确的选择相差甚远。但是，正因为这些错误是系统性的，所以它们也有一个特点，就是这些错误是可以预见的。运用一些合适的策略，便可以把这一特点转化为优势。

我们在现实生活中遇到的问题在于，“噪声”是无法消除的，这也导致了对于同样的案件和犯罪假设，不同的法官或检察官会做出截然不同的选择，给出大相径庭的判决结果。医术高明的医生对一些疑难杂症进行诊断时同样会出现类似情况。

面对高度不确定的环境，即使是能力强的专业人员，也会有判断错误和判断标准不统一的情况。

全球变暖是一个复杂的问题，前文已经描述了它的各种细节和难点。这使得气候学模型的预测非常困难，难免会出现误差、系统性错误和噪声，谁都不知道明天会发生什么。

如果我们把图中的靶子去掉，只看箭头落点的分布情况，那么结果的偏差（认知偏差）和噪声之间的区别就更明显了（如图 3.2）。就算去掉了箭和靶子，A 队和 B 队的射击落点也是集中分布在一个模态中心四周，而 C 队和 D 队的落点则比较分散。

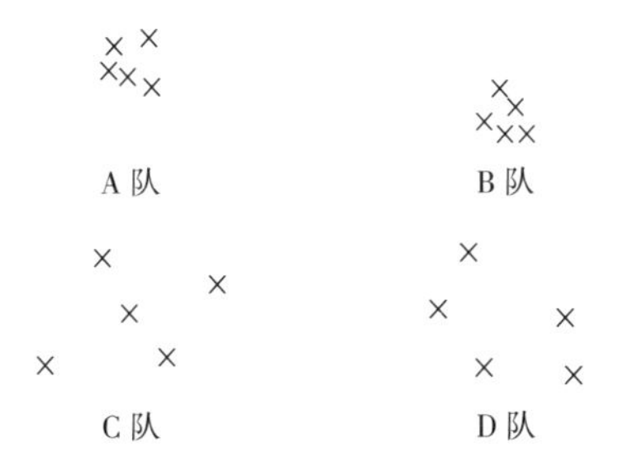

图 3.2 A、B、C、D 队认知偏差情况

既然智人这么容易犯错，那么行为设计者能采取什么措施，帮助他们做出更正确或更理智的判断呢？

奥根·赫立格尔（Eugen Herrigel）的著作《箭术与禅心》[1] 中有一段经典的话。

"别去想那一箭！"师父叫道，"这样一定会失败的！""我没法不想，"我答道，"这箭的张力实在太痛苦了。"

"你之所以痛苦，是因为你没有真正放松自己。其实一切都很简单。你可以从一片普通的竹叶上学习应该怎么做。叶子被雪压得越来越低。忽然间雪掉到地上，叶子却静止不动。你要像那片叶子一样，保持最大的张力，直到箭从你身上飞出。没错，当张力达到极限后，箭就会自然飞出，它从射手身上飞出，就像雪从竹叶飞出，射手甚至来不及思考。"

---

① Eugen Herrigel, *Lo zen e il tiro con l'arco*, Adelphi, Milano 1987.

我们不愿意成为飘无定所的雪花，而是希望得到一些有价值的指导，来审视我们的决策，帮助我们更精确地瞄准。

一个优秀的行为设计师，必须想办法避免那些常常潜伏的认知陷阱带来的损害。他有两个选择：一方面，他可以选择在射手身上下功夫。比如，如果弓太重，会导致射击偏离目标，他可以让射手锻炼手臂肌肉以增强力量，从而减少系统性的偏差，让 B 队取得 A 队的成绩。从选择和决策的角度来看，要做到这一点，首先要提升决策者的意识。本章正是通过介绍主要的认知陷阱和相应的思维捷径来达到这个目的的，这对于我们处理全球变暖这样的问题非常有帮助。

另一方面，即改变射箭的背景，或者改变决策本身。如果把靶子降低一些，向右移动一些，不考虑 B 队射手的射箭方法，结果会怎样呢？

箭的落点位置会马上变得更精确，这都是因为对背景的干预而达成的。我会在本书的最后一部分讨论这个问题，届时我将介绍助推（nudge）策略，来优化决策，让它变得更简单，甚至有时不用太依赖决策者的意识。

我们还是一步一步来，先简单研究一下在全球变暖的情况下最容易出现的一些危险错误。

小数定律

1940 年，伦敦遭到德国空军大规模轰炸，这座城市几乎被夷为平地。但奇怪的是，观察被轰炸区域的地图时，会发现有一些地方竟然没有受到爆炸的影响。盟军情报部门推测，这些在地图上留下的“空白”可能是纳粹间谍或是为德国效劳的人的藏身之处。然而，事实上，战后历史学家和统计学家对 1940 年的轰炸地图进行了分析，发现这些地点完全是随机分布，就像我们前文提到的射击结果一样。

我们再来看一个误导性统计数字爱好者常用的例

子：几年前，有人研究了美国 3141 个县的肾癌发病率，结果发现，肾癌病例最少的地区都是人口稀少的地方，一般是在农村。有趣的是，研究结果中肾癌病例最多的地区，竟然也是人口稀少的农村。

是不是一头雾水？

那么再来回答一个问题：假设你在医院产科新生儿病房里，今天一共有 6 个婴儿出生。你观察了一下，发现他们的性别有不同的组合。你觉得下列三种组合出现的概率一样吗？

MFMMFM

MMMMMM

FFMMFF

注意：M 表示性别为男；F 表示性别为女。

我想，很多人看到第二排这些代表男婴的字母，会毫不犹豫地说："肯定不一样！"但是遗憾地告诉你们，这三排字母出现的概率其实是相同的。

这些案例看似不可思议，其实都是小数定律的体现。或者说，都是噪声的危险魅力所造成的。

无论是第二次世界大战时的轰炸，还是癌症的发病率，抑或是产科病房的新生儿性别比例，我们都受到了典型的认知偏差的影响，观察样本过少时，就容易产生这种偏差。

在这些情况中，人类寻求因果关系的倾向也影响着我们的判断。

对于情报部门来说，他们看到伦敦被轰炸后的地图上有几个空白区域，就会立刻认为那些幸存的建筑是德国间谍的藏身之处。而在肾病发病率的研究中，人们一听到是农村的人口稀疏地区，就会下意识地联想到清新的空气和健康的饮食，以及远离喧嚣的生活方式的好处。然而，这些都是片面的，事实上，如果样本数量太少，会更容易出现极端的情况。所以，在新生儿性别比的案例中，虽然你可能很难接受我的解释，但这三种序列出现的概率是相同的。男孩和女孩的性别比例只有在 n 值（抽取的数量，在这里就是出生的数量）越来越大时，才会趋于实际的分布。

你不相信吗？

那我们来试试抛硬币吧！如果我们只抛十次硬币，很可能看不到正反面各占一半的结果，这就是因为样本数太小，受到了噪声和小数定律的影响。但如果我们有耐心掷一千次硬币，那么正面或反面出现的比例会非常接近先验概率。

可得性启发法

最近在我身边发生的一件事可以用来引出本节的主题。我妹妹怀上了我的侄女，于是去意大利国家社会保障局（INPS）咨询了产假的福利问题。她回来后，我们在吃饭的时候聊起这件事，她显得很淡定，可是当电视新闻上报道我们国家的人口增长停滞问题时，她惊讶地说："这不可能啊，我身边怀孕的人还挺多的。"

我妹妹的话就是可得性启发法的一个例子，可得性启发法指判别者根据一个事件容易回忆的程度来评估该事件的发生率。在上述案例中，我妹妹刚从社保局回来，那里有很多怀孕的妇女，这影响了她对意大利出生率的看法，所以当她听到新闻时，这种看法会被加深。

可得性启发法在很多情况下都会起作用。如果要估算好莱坞明星的离婚率，你可能会因为媒体的报道而把这个数字想得太高。再比如明天你要坐飞机出行，却听说有一架飞机坠毁了，或者你要去另一座城市度过一个浪漫的周末，却听说那里发生了恐怖袭击，造成数十人死亡。这时候，你的大脑就会有一部分不理性的声音，拒绝接受任何数学上确定的或可靠的估算，从而把你心中的不确定性变成完全错误的推断。这些都是可得性启发法在统计学上误导人们的例子。

根据气象台发布的消息，五月的气温会高于往年平均水平，但你在海边却经历了一场冰雹，你惊奇不已，大喊一声表示抗议：“哪儿有什么气候变化啊？”

其实，非季节性的冰雹比往年的平均气温上升更能说明气候变化的问题，但不知为何，你并没有注意到这一点。

你们还记得2015年11月13日在巴黎发生的恐怖袭击吗？大约130人在这次袭击中丧生，在我们心里留下了深深的伤痛，在我们社交软件上也留下了悲痛的记忆，我们都为法国哀悼。

一个月后，在巴黎又举行了第21届联合国气候变化大会，会议通过了《巴黎气候协定》，该协议确定了在21世纪末前控制住全球变暖的目标。我不是要弱化恐怖袭击事件的严重性，但根据统计数据，在过去10年里，全世界每年因恐怖袭击而死亡的人数约为22000人[①]，而据世界卫生组织统计，因气候变化而死亡的人数则每年至少25万人[②]。

为了避免误会，我再次强调：上述数据不是观点，

---

① 数据分布极不均匀，大部分死亡事件发生在欧洲和北美（全球恐怖主义数据库）。

② 详情见此链接：https://www.who.int/news-room/fact-sheets/detail/climate-change-and-health。

而是事实。事实就是，比起恐怖袭击，全球变暖导致的死亡人数多了将近10倍。

一项有趣的调查显示了夫妻对自己在家庭中的贡献有多大发表了不同的看法，比如扔垃圾、洗碗、做家务等。调查问卷要求他们评估每项活动的贡献百分比，结果发现丈夫和妻子给出的百分比相加经常超出100%。有意思的是，可得性启发法也会以自我伤害的方式发挥作用，也就是说，即使是对夫妻生活有伤害的活动，如争吵或忽视对方，丈夫或妻子仍会认为自己比另一半贡献得多。

一个不容忽视的事实是，我们的大脑很容易回想起一些事例来证实我们的判断。但是在面对气候变化或移民潮等复杂问题时，这种可得性启发可能会造成非常危险的后果，需要对其加以控制。

所以，我们要做的就是不断审视自我。尤其是在我们意识到这种思维陷阱的强大作用后，就更应该谨慎行事。

锚定启发法

你们会认为查尔斯·达尔文（Charles Darwin）是活到 150 岁左右才去世的吗?

我想大多数人不会这么认为，但我更想知道你们对第二个问题的答案：查尔斯·达尔文是活到多少岁去世的?

也许有些读者知道确切的答案，但那些不清楚的人可能会受到我在本段开头提到的数字的影响，而不自觉地把他们的估计提高到一个比 150 岁这个数字更高的水平。

这就是锚定启发法带来的影响。

当我们面对一些不确定的估计类问题时，我们的答案会受到与之相关的信息（或信息集）的影响。令人担忧的是，这种影响往往是潜移默化的，而且有时候甚至会被一些与问题无关的数字所左右。比如，如果我告诉你们，历史上共有 289 名美国人获得了各个领域的诺贝尔奖，然后问你们意大利人共获得了多少个这样的奖项，你们的答案可能会受到我给出的数字的影响。而如果我先说，历史上共有 24 名苏联人及俄罗斯人获得了诺贝尔奖，然后再问你们同样的问题，你们可能会给出一个不同的答案。

上述案例中，影响我们答案的信息起码是和问题相关的。丹·艾瑞里（Dan Ariely）和乔治·勒文施泰因（George Loewenstein）[①] 曾对一些麻省理工学院的工商管理硕士做过一个实验，结果发现，当锚定数字随机时，其造成的影响更加惊人。他们让受试者在一些产品（一瓶酒、一个键盘、一个鼠标等）前面写下自己健康卡的后两位数字。

---

① Dan Ariely, George Loewenstein e Drazen Prelec, “Coherent Arbitrariness”: Stable Demand Curves Without Stable Preferences, in *Quarterly Journal of Economics*, 2003, vol. 118, No. 1, 2003, pp. 73–106.

比如数字 7 和 9。

写下 7 和 9 之后，受试者首先需要回答他是否愿意以这个数字为美元价格购买指定的产品。

接下来，受试者需要给每个商品估价。

实验结果很有意思，虽然商品之间的相对价格没有变，比如一瓶好酒与一瓶次酒的价格差是正常的（假设对不同商品间存在的价格差异是符合常理的），那些写下较大数字的学生对每个商品的估价都比较高，而那些健康卡后两位数字组合较小的学生对商品的估价都偏低。

在我们的日常生活中，锚无处不在。

你们开车离开高速公路后，即使进入了省道，也会习惯性开得很快。丹尼尔·卡尼曼和阿莫斯·特沃斯基在他们辉煌的职业生涯中一直将锚定启发法作为实验研究对象。但是，这两位科学家对这一决策启发法有着不同的看法。特沃斯基认为锚是一系列有意识的连续调整，所以，如果直觉告诉我们达尔文 150 岁的年龄肯定要往下调，那么锚定就会通过不断的尝试来让我们降低这个数字。卡尼曼则认为锚是启动效应或框架效应：简单来说，每个数字都会印在我们脑海里，具有印刻效应，我们很难摆脱它们，它们还会影响我们的推断。

事实上，这两位学者都是对的。锚确实会无意识来影响我们的判断和选择。

有很多应用实验心理学的文献测试了锚对我们对气候变化等现象感知的影响。和所有的实验室实验一样，人们十分小心谨慎地开展这些实验，这就意味着很难把只在特定情境下有效的研究结果推广到更广泛的领域。影响我们行为以及我们对现实的看法的因素多种多样、变化无穷，而探究背景因素和那些看似不重要的因素可能发挥的重要作用是一件特别有意思的事情。

锚定启发法与可得性启发法有部分关联。如果我们在天气状况差异很大的时候看到了关于气候变化的新闻，会发生什么呢？如果外面很暖和（或者很冷），温度是否会对我们对全球变暖的科学数据的感知和看法产生情绪上的锚定效应？[①] 同样，如果 IPCC 方案先向我们展示最糟糕的情况，即预测 21 世纪末温度将上升 5℃以上，然后再告诉我们最乐观的情况，即温度上升 1.5℃，我们对全球变暖的态度会有所改变吗？如果我知道 97% 的科学家都认为“温室效应”现象是人类活动造成的，那么这个数字会对我曾经坚信不疑的想法产生影响吗？或者不说那么远，使用数字锚是否会让我更关注信息和数据？[②]

我并不想在几句话里就给这些重要的问题一个确定的答案，尤其是因为实验心理学（以及相关的经济学）多年来面临的一个问题就是所谓的可复制性危机。

---

① Jeff Joreiman, Heather B. Truelove e Blythe Duell, Effect of Outdoor Temperature, Heat Primes and Anchoring on Belief in Global Warming, in *Journal of Environmental Psychology*, 2010, vol. 30, No. 4, pp. 358–367.

② Matthew H. Goldberg, Sander van der Linden, Matthew T. Ballew, Seth A. Rosenthal e Anthony Leiserowitz, The Role of Anchoring in Judgments About Expert Consensus, in *Journal of Applied Social Psychology*, 2019, vol. 49, No. 3, pp. 192–200.

也就是说，很多时候一个实验的结果很难被重现，其他质疑这一结果的研究甚至可以将其推翻。

我们最终要在决策背景中选择自己的行动方案。我想通过分析这一背景中的各种因素，来消除我们的疑虑，以增加问题的复杂性，说明当我们试图理解和具体化气候变化时，可能会产生的迟疑或混乱。

过度自信偏差与确认偏差

过度自信与锚定不同，它是一种行动偏差，反映人类在做一些能带来积极影响或结果的事情时的自然倾向。这些事情能给个人带来更高的效用或满足感，以及更强的外部认同感。[①]

这种自然倾向可能会让决策者在考虑某个选择的直接影响时，更重视其潜在的好处，从而忽视了决策的

① Anthony Patt e Richard Zeckhauser, Action Bias and Environmental Decisions, in *Journal of Risk and Uncertainty*, 2000, vol. 21, No. 1, pp. 45–72.

一切负面影响，只关注有利的结果。当潜在的问题和不利因素被忽略时，决策者可能会表现出乐观（或过度乐观）的偏差，这与过度自信偏差（overconfidence）有着密切的联系。比如，说到全球变暖，一个潜在的问题是我们会认为自己在这一情况下是无懈可击的，相信我们有足够的时间来应对这个还没有展现出所有严重性的问题。

过度自信偏差会导致下列情况出现。比如，企业家在市场上推销他的产品时忽视了竞争对手，或者在应对气候变化政策实施的过程中，政府只看到可能的成功而忽略了要克服的困难。因此，过度自信会造成“规划谬误”，即人们对完成一个项目所需的时间过于乐观。

2050 年实现碳中和有什么难的呢？首先，这个时间点还很远；其次，人类是一种优秀的物种，既然“我”是最优秀的物种，那么实现这个目标肯定没问题。

即使你们听到某首歌有些跑调，不用担心，因为歌曲本身并没有变。一个有名的例子就是关于悉尼歌剧院的建设。这个工程原本要用 4 年时间，预算为 700 万澳元，但最后足足花了 14 年时间，总花费达到 1.02 亿澳元。不管你多么信奉顾拜旦倡导的“大众参与”的奥运理念，对奥运会来说重要的并不一定是参与。因为从 19 世纪末至今，几乎所有成功举办奥运会的预算暴露了主办方过度自信的思维陷阱，随之而来的往往是灾难性的破产。

过度自信偏差有多种不同的表现形式，但这里有三种可能性值得我们特别关注。

过高估计：由于高估了自己的实际能力、业绩、控制程度或变化速度而产生的过度自信。

过高定位：与过高估计类似，个体会过高定位自己相对于他人的能力[①]。

过度精确：这是一些行业专家更容易落入的思维陷阱。过度精确其实是指个体认为自己知道的比实际

① Julia P. Prims e Don A. Moore, Overconfidence Over the Life Span, in *Judgment and Decision Making*, gennaio 2017, vol. 12, No. 1, pp. 29–41.

知道的多。当他们表达的观点很精确，但低估了可能结果的差异性，就会出现这种情况，最终会导致他们忽视潜在的风险[1]。

你听过这个笑话吗？“有个经济学家在最近两次危机中成功预测对了九次。”

过度自信是人类普遍存在的一种认知偏差，它在我们的大脑里根深蒂固。在认知陷阱领域的专家丹尼尔·卡尼曼看来，过度自信是影响决策最严重的偏差。

历史上有很多有趣的例子，一些听起来很了不起的人，其实也是这种思维陷阱及其后果的受害者。比如克里斯蒂安·惠更斯（Christiaan Huygens）和戈特弗里德·莱布尼茨（Gottfried Leibniz），前者是一位杰出的科学家，后者是一位哲学家和数学家。他们曾互相写信，信中提到牛顿先生是个天才，可惜他的天才被疯狂的病毒毁了。伯特兰·罗素（Bertrand Russell）在

① Ulrike Malmendier e Timothy Taylor, On the Verges of Overconfidence, in *Journal of Economic Perspectives*, autunno 2015, vol. 29, No. 4, pp. 3–8.

《征服幸福》[1] 中专门讨论嫉妒的章节里提到了他们的信件。其实可怜的牛顿并没有像他那些自称为知识分子的朋友们所期待的那样发疯，惠更斯和莱布尼茨的眼泪不过是鳄鱼的眼泪，他们在同情中暴露出了其对更伟大的思想家的妒忌。

伍迪·艾伦执导编剧的电影《午夜巴黎》里，有一句海明威的经典台词，他对主角欧文·威尔逊（Owen Wilson）说："真正的作家不会读其他作家的书。"因为如果别人写得不好，他会讨厌他们，觉得他们的书不值得一读。如果别人写得好，他也会讨厌他们，因为他们抢了他想写的东西。我们每个人都对自己创造的东西有感情，哪怕只是一个想法。而且我们会为这个想法付出激情，并坚决地维护它，哪怕有证据证明它是错的。

这就是确认性偏见的根源。

---

① Bertrand Russell, *La conquista della felicità*, Longanesi, Milano 2014.

伽利略邀请耶稣会的天文学家们通过他的望远镜来观测木星卫星，他们却拒绝相信这一经验性证据。他们中有些人甚至不肯靠近望远镜，觉得用这种能改变天体本质的东西是不洁的。他们的这种敌意一部分源自对托勒密定理的坚信，还有一部分源自对一位技术专家的嫉妒之情。他连大学都没毕业，就当了哲学家，还用他的科学发现嘲弄神学家。他怎么敢啊？

对自己信念和想法的坚持可能是一件积极的行为方式，因为它可以激发我们的动力，让我们变得更好。其实，在所有的伟大发现里，都有一些良性的执着。阿尔伯特·爱因斯坦（Albert Einstein）从16岁开始就对光速有着强烈的好奇心，他在给叔叔的信里写道，“如果我以光速跟着光波跑，会发生什么？”这个年轻的天才一直坚持着，最终先后用狭义相对论和广义相对论颠覆了物理学。

如果没有这种永不满足的求知欲，爱因斯坦可能很难克服生活中的各种困难。他从苏黎世大学毕业后，找不到高校的工作，即使在他发表了关于狭义相对论的文章后，也没有物理学家愿意相信他的假设是对的。但是，幸好他一直坚持自己的研究方法和想法，有几次，当有人问他如果他的理论被证明是错的，他会怎么样时，爱因斯坦说："那我会为仁慈的上帝感到遗憾，因为这说明他是错的，我的理论是正确的。"

格蕾塔·通贝里患有高功能阿斯伯格综合征，这使她能清楚地看到全球变暖问题的严重性，她会感受到独属于她的紧迫感，随后积极地投身于她的事业中。

达斯·维达（Darth Vader）[①] 没有因为黑暗面的力量而失去什么，恰恰是因为我们可能会对自己的想法过于固执，以至于不惜一切代价去维护它们。这个问题在群体极化现象中更加突出，也就是说，社会的高度分裂和对立可能使观点和价值观固化，让公民在民

① 电影《星球大战》系列重要角色。——译者注

主辩论中无法进行正常的比较。

几年前，卡斯·桑斯坦在美国科罗拉多州开展了一项非常有意思的研究。[①] 他招募了一群受试者，其中一半是民主党人，另一半是共和党人，询问了他们一系列关于同性恋夫妇的权利和气候变化的问题。每个受试者先接受了私下的个人采访，表明了自己对这些问题的不同看法。然后将他们分成小组集体讨论这些问题，最后再进行一次个人采访。结果显示，小组讨论之后，两极分化更加明显，进步派变得更加激进，而保守派则表达出极端的共和主义观点。

再说回爱因斯坦，在他生命的最后几十年里，他固执得令人难以置信，一心想要找出一种能够消除量子力学和广义相对论之间矛盾的理论。在这种情况下，阿尔伯特先生的天才反而让他对不断得出的实验结果视而不见，这些实验结果都一一证实了尼尔斯·玻尔

---

① Esperimento descritto nel libro: Sunstein, *Wiser*: *Getting Beyond Groupthink to Make Groups Smarter*, Harvard Business Review Press, Boston 2014.

（Niels Bohr）、沃纳·海森堡（Werner Heisenberg）、沃尔夫冈·泡利（Wolfgang Pauli）等年轻的量子物理学家的理论。

关于自欺欺人的危险性，我还有最后一个故事要讲。

尼古拉·特斯拉（Nikola Tesla）曾在托马斯·爱迪生（Thomas Edison）的实验室里工作，一天，他建议用交流电来输送电力，这种技术一直沿用至今。但爱迪生坚持使用直流电，不肯听从特斯拉的建议。两人因此发生争执，特斯拉带着自己的发明图纸和方案离开了爱迪生的实验室。

爱迪生本可以从特斯拉的专利中获利，但他太过自负。他一生都在试图诋毁特斯拉的发明，甚至制造了一把用交流电驱动的电椅，来展示特斯拉的想法有多么危险。

有时候，人们对自己的想法和成果太过紧张，以至于对明显的收益前景视而不见。确认偏差就是指人们倾向于寻找、理解、支持和记住那些符合自己先入为主的观点或信念的信息。任何与自己观点不一致的信息都会被忽视，模糊不清的信息往往会被当作支持自己想法的证据。[①]比如，在全球变暖这个有着结构不确定性的问题上，单凭一些简单的数据就想说服怀疑者是很难的。在 2005 年的一项研究中，就有一个确认偏差的例子，一些侦探会通过错误解读犯罪证据来支持自己的观点。当他们面对模棱两可的证人陈述时，他们会有意无意地把他的证词当作犯罪的佐证。[②]这样一来，确认偏差就破坏了客观性，并可能造成严重而持久的后果。确认偏差还会通过联想记忆得到强化。比如，如果有人问你一个同事是否友好，你可能会回想起你们之间有过的礼貌交谈；而如果有人问你同一个人是否粗鲁，你可能会寻找相反的事实证据。这是

---

① Edward J. Russo e Paul J. H. Schoemaker, *Winning Decisions: Getting it Right the First Time*, Doubleday, New York 2002.

② Mark R. Kebbell, Damon A. Muller e Kirsty Martin, Undestanding and Managing Bias, in *Dealing with uncertainties in policing serious crime*, 2010, ANU Press, Canberra (Australia), pp. 87–100.

因为大脑会故意去寻找能够印证自己的证据。我们在谈论全球变暖和气候现象时，我们交流的方式也同样会影响我们对一个问题及其有效性的看法和态度。

对了，我知道你们心中还有一个疑惑，我来为你们解答：查尔斯·达尔文享年 73 岁。

第四章

不确定性管理

我们如何学会困难重重的
概率推理

继续这样做吧！亲爱的鲁基里乌斯，你要做自己的主人，珍惜并利用好你的时间，因为时间很快就会离你而去，或被别人夺走，或从你手中溜走。相信我，时间正在离我们远去，有些时间可能被我们轻易地丢掉了，有些时间可能在我们还没意识到的时候，就消逝了。然而，最可耻的浪费时间的方式，就是漠不关心。而且，如果你仔细思考这个问题，你就会发现，我们生命中很大一部分时间被错误耽误了，很大一部分时间在无所事事中荒废掉了。总体来说，我们正在做的事情，有时并不是我们真正应该追求的。你见过这样的人吗？那些把时间看作最宝贵的人，那些意识到每一天都很重要的人，那些知道自己每天都在走向死亡的人？我们在估算死亡时犯了错误，其实大部分的死亡已经发生了。我们过去的岁月已经落入死亡的掌中。

这段话出自塞涅卡给鲁基里乌斯的书信集《道德书简》。在本章中，我会提到许多关于概率的问题，这段话用在本章开头恰到好处，塞涅卡说得非常有道理。但他不知道的是，他的观点和智人头脑不可避免的进化起了冲突，头脑这个自然界的产物在不断地更新，到现在也不太能正确评估遥远的未来（这一点我们已经知道了），也不太能对我们周围的事物进行概率推理。

出生的概率

你们有没有想过，出生的概率是多少？

我不是在问你们国家的出生率，我想知道的是，你，一个具体的人，在家放松，或是在公共交通上消磨时间阅读这本书时，会有多大的概率像马丁·海德格尔（Martin Heidegger）所说的那样“存在”于这个地球上。

对这一问题流传着各种各样的推算方式，它们或多或少都有些瑕疵，但我们还是有必要在这里稍微讨论一下。

我们得知道你的父母相遇的概率有多大。

以 20 世纪 60 年代的意大利人口为例，大约有 5000 万人，男女各占一半。因此，我们假设有 1500 万成年男性。理论上，你的母亲可以把意大利所有的男性作为选择对象。[①] 但在一个人的一生中，可能只会和 1500 个男性有过社会接触（这已经相当宽松了）。

那么，你母亲遇到你父亲的概率就是一个人一生中能接触到的男性数量（1500 个）与可接触到的男性总数量（1500 万个）的比值。这个概率大约是

① 该假设纯粹是为了进行数学论证，不具有科学价值，但逻辑应该是成立的。

1/10000。

这个概率已经很小了，但我们还没算完。

你的母亲和你的父亲相遇后，她要和他聊天、约会，也许还要安排第二次、第三次约会。我们假设这些概率都是 20%（这可能也太乐观了）。

然后，他们建立了稳定的关系，有了怀孕的可能，我们把这个概率定为 50%。

这些都是互相独立的事件，所以要把它们的概率相乘：

$$1/5 \times 1/5 \times 1/5 \times 1/2 = 0.004$$

再用这个 0.004 乘以我们之前得到的概率，就是你的母亲能遇到你的父亲的概率：

$$0.004 \times 0.0001 = 0.0000004$$

0.0000004 也就是 250 万分之一的概率。

但这还只是开始。

女性生育年龄为 12 岁到 45 岁，一个女性一生会排出大约 450 个成熟的卵子。假设一个男人在他一生中的性行为中会排出400亿个精子。

把这两个数字相乘：

400亿 ×450 = 18万亿

你就是那个精子和卵子相遇而诞生的人，这是一个18万亿分之一的奇迹。

我们就先算到这里吧，因为我们还可以一直往上追溯，叠加上你的父母和他们的父母出生的概率。

不管这种看起来多余的统计工作的最终价值是什么，但一个很明显的事实是，出生的概率真的微乎其微。

关键在于，你想过这个问题吗？

许多智者说过，这就像中了彩票一样。但是，我不会把这些难以置信的数字所带来的震撼当作一种激励，劝你去享受当下，不要浪费每一天。这不是一本自我帮助或鼓舞人心的书。上一章专门讲述思维陷阱和我们的大脑如何在发生事情的迷宫中寻找捷径，我可能会将这一章作为一个评估，从经验上强调，智人无法系统性地理解周围事情发生的不确定性和混乱随机性。

这并不意味着我们要无所事事，或等待第一场雪来埋葬过往，恰恰相反，这很好地说明了我们在反思自己存在在地球上经常会犯的一些错误。智人总是把进化和进步混为一谈，对此，达尔文解释得非常清楚。

进化是地球上的物种为了适应环境条件而采取的随机且数学的方式。如果有外星人来到我们的星球并被问及谁是主导者，他很可能会回答：细菌和病毒。但那些结构简单得令人失望的生物是否能更好地适应不确定的未来，仍有待商榷。

进化不等同于进步，也不一定是一个有着大团圆结局的游戏。爱因斯坦曾说，上帝不掷骰子，但其实自然选择的过程恰恰是这样一种迷人而轻松的赌博游戏。我们不应该陷入虚无主义和有自我毁灭倾向的宇宙悲观主义，而应该基于数据和认知，谦逊而友好地进行实证研究。比如，智人和黑猩猩的基因有 98% 的相似度（这肯定会让达尔文大叔欣喜若狂）。但是，生物学、哲学家特尔莫·皮埃瓦尼（Telmo Pievani）等人在他们的认识论研究中提醒道，人类和蚯蚓的基因相似度有86%，再看看香蕉的基因，它们和人类的相似度也有40%。

这是思想的滑坡，因此有必要重申一遍，我们需要摒弃将智人视作宇宙中心的人类中心主义的观点。伽利略已经帮助我们从宇宙的中心来到边缘地带，现在我们必须努力审视自己的星球，清醒地认识到一个事实：我们只是生物网络中的一个节点，虽然很重要，但也只是众多节点中的一个而已。

圭多·莫塞利（Guido Morselli）在小说《离散》（*Dissipatio H.G.*）中，正是基于这种直觉，提出了一个激进的观点：这个世界上没有人类，只有唯一的幸存者满怀惊奇地看着周围的一切。世界和生活在其中的生命都在不顾一切地寻找生存之道，有点像在切尔诺贝利辐射区生长和繁衍的植物。

我们要调整心态，因为我们对概率完全错误的估计源于一种根本的自大，这种自大在经验上是没有依据的，而且从进化的角度来看，这种自大让我们成了一种奇特的生物，虽然我们有创新精神和改造世界的能力，却对数据描述和概率判断非常不敏感。

彩票中奖概率

刚刚我们做了一道关于出生概率的计算题，现在再来做一道练习题，帮助我们更好地具象化自己过于发散的思维。

我们之前提到了彩票，那你们买过超级大乐透吗？

即使答案是没有，你们也可能听过有人谈论中奖概率。

彩票上也写着中奖概率：1/622614630。

六亿多分之一。

我们都知道中奖概率极低，但具体有多低就很难想象了。我们的大脑会立刻被数千万欧元的奖金所吸引，毫不在意花在彩票上的那几欧，如果经常买的话，也许几年后，这些钱都能买一个很棒的度假套餐了。

六亿多分之一的概率有多低？

可以说，这种事情基本上不可能发生。

人类经过数百万年的进化，“基本上”这个词早已变得模糊不清。

所以，来让这个词更具体一些吧！

设想一下，你是我的学生，是 100 个学生之一。

我走进教室说道：“亲爱的同学们，明天我会随机抽一个人，就与过度自信有关的社会科学文献对他进行详细的提问。”

你本来可以躺在沙发上看网飞的最新剧集，但遇到这种情况，你还会为第二天的考试做准备吗？

被抽到的概率是 1/100，我们很容易想象，更重要的是，很容易感受到。

现在，我们把范围扩大，来到斯卡拉歌剧院。

上课的地点是米兰著名的大剧院，能容纳 2000 人。

观众席和包厢里都坐满了人，我在自我介绍时又说了同样的话：“亲爱的观众朋友们，明天我将随机抽取一位观众，就与过度自信有关的社会科学文献对他进行详细的提问。”

现在被抽中的概率是 1/2000。

让我们再进一步。

圣西罗球场，一个有着 8 万个座位的体育场，用同样的情景。

概率是 1/80000。

现在你们已经明白了这个游戏的玩法，那么让我们直接进入最后一关。欧洲大约有 5.3 亿人口。想象一下，5.3 亿人同时在线，开一次 Zoom 会议，向他们发出同样的邀请：“亲爱的朋友们，明天我将随机抽一个人，就与过度自信有关的社会科学文献对他进行详细的提问。”谁会为了第二天 5.3 亿分之一的概率学习？谁会为了第二天的考试学习？

没人会这么做。

可视化一个几乎不可能发生的事情可以帮助我们正确地感知概率，而超级大乐透的数据则清楚地证明了每个人在进行概率评估时都会遇到错觉。意大利高等卫生研究院（ISS）的数据[①]显示，这些错觉影响了约1100万意大利人，他们在一生中至少有一次会不顾微乎其微的中奖概率去购买彩票，通常会花一大笔钱。

“黑天鹅”与“灰犀牛”

几年前，“黑天鹅”这个隐喻开始广为人知，纳西姆·塔勒布[②]的一本畅销书也用了这个词来描述那些不

---

① 数据源于ISS与马里奥·内格里药理研究所（Mario Negri Institute）、帕维亚大学（Università degli Studi di Pacia）和圣拉斐尔生命健康大学（Università Vita-Salute San Raffaele）合作开展的一项关于意大利人游戏习惯的研究项目。

② Nassim Nicholas Taleb, *Il cigno nero. Come l'improbabile governa la nostra vita*, il Saggiatore, Milano 2014.

确定的、可能是低概率的事件，这些事件在发生之前无法预测，但一旦发生，其影响便会显现。

之所以选择“黑天鹅”这个动物来进行比喻，是因为在17世纪末之前，人们一直以为地球上不存在黑色的天鹅，直到有人在北半球发现了它们，才对当时的生物学理论进行了修正。一般来说，当不可能或无法预测的事件发生时，黑天鹅便会出现，马后炮们事后则会找出各种理由来解释这些事件。

要降低风险，往往得做出一些不受欢迎的决定。比如，一位有远见的市长认为，河水泛滥的可能性虽然不大，但后果很严重，于是他批准了一项加强堤防的方案，这需要花费很多钱，而这些钱本可以用来建设市民和游客都喜爱的游乐园。其实，就算真有洪水，堤坝挡住了水势，但大部分市民也不会意识到他们避免了多大的损失。我们总是习惯于对已经发生的事情怨声载道，而不为那些阻止了可能永远不会发生灾难的人鼓掌。

许多智人在应对全球变暖的问题时，低估了它的风险，认为灾难性事件发生的概率极小，也不会发生在自己身上。我们应该努力让气候变化所带来的危害变得和中彩票带来的喜悦一样鲜活。

为了让这个话题更有说服力，可以用散文家米歇尔·渥克[①]提出的一个比喻来替代“黑天鹅”，那就是“灰犀牛”。

“灰犀牛”事件指那些非常明显，但往往被忽视的事件，就像灰犀牛这种庞然大物一样。比如，一场疫情的暴发或全球变暖，都是“灰犀牛”事件，但人们常常对它们视而不见。

概率评估

其实从进化的角度看，我们不喜欢概率，而我们的情绪和感知又像一面扭曲的镜子，影响了我们的远

---

① Michele Wucker, *The Grey Rhino*: *How to Recognize and Act on the Obvious Dangers We Ignore*, St. Martin's Press, New York 2016.

见性。这面镜子会根据我们的心理状态，随意放大或缩小事件发生的概率，致使我们对全球变暖的危机视而不见。

数据疗法可以让智人更理性地看待问题，更重要的是，它可以让我们认清自己在进化史中的位置。

我们中有很多人还沉浸在启蒙时代的思想里，认为人类处于生态链顶端。

线性思维的危险诱惑又一次出现。

人类只是众多哺乳类动物中的一员，虽有着强大的能力，但仍是自然界中一个微不足道的存在。自然界并不是一个有道德判断的主宰。让人无法忍受的数字的一致性常常让我们误以为气候和生物圈有着和人类一样的智慧。但是道德选择是文化的产物，是人类在人类世（Antropocene）中形成的道德活动。学习概率分析，就是让自己能够应对复杂性的挑战，不被复杂性所吞噬。

大西洋鳕鱼灾难就是一个经典案例[①]，你可以把它当成睡前故事反复阅读。这个案例说明人类无法理解复杂系统的本质，就像我们在第一章中所描述的那样，它也告诉我们二元思维有时会把问题变成灾难。

历史上，加拿大的渔民经常在大西洋西北部海域捕捞鳕鱼，每年都能有 25 万吨的收获，这一情况一直持续到 20 世纪 50 年代。随着全球化趋势的加快以及海上航行能力的提高，这一产量迅速增加，到了 1968 年鳕鱼达到了 180 万吨的峰值。针对这一情况，加拿大政府开始采取措施，把自己的领海范围扩大到离海岸 200 英里（约 321 千米），以防止竞争并保护鳕鱼资源，同时还决定把捕捞配额降到更可持续的水平。

情况一度有所好转，但从 20 世纪 70 年代中期起，鳕鱼的捕捞量又开始以不可持续的速度上升，短短 7 年内就增加了 1 倍。1982 年达到了最高点，之后，一些

① Steele D. H., Andersen R. e Green J. M., The Managed Commercial Annihilation of Northern Cod, in *Newfoundland Studies*, 8(1), 1992, pp. 34–68.

渔民发现渔获量急剧减少。

由于对鳕鱼的过度捕捞、对其栖息地的破坏以及对海洋物种繁殖和自然恢复的干扰，鳕鱼捕捞量在几年内急剧下滑，1995 年只有 12000 吨，只有 20 世纪 50 年代之前正常捕捞量的 1/20，是 20 世纪 80 年代初捕捞量的 1/100。

加拿大政府急于解决北大西洋鱼类资源长期匮乏的问题，首先禁止了该地区的捕鱼活动，但这给渔业社区带来了严重的打击，大约 30000 名从事鳕鱼捕捞和贸易的人失去了工作。然而，鳕鱼的数量并没有明显恢复。因此，政府在一个海洋生物学家委员会的科学支持下提出了另一个解决方案，认定该地区鳕鱼的主要天敌海豹是罪魁祸首。

这就是线性思维和寻求简单而确定答案的逻辑：海豹吃鳕鱼，如果我杀了海豹，那么就会有更多的鳕鱼。

加拿大政府下令永久停止对鳕鱼的捕捞，同时授权增加海豹的捕杀配额，允许每年捕杀35万只海豹。然而，即使不顾后果地屠杀了数十万只可爱的海豹，也无法解决鳕鱼的匮乏问题，反而让海豹和该地区其他物种的数量进一步减少。

造成这一悲剧的原因有很多，我们在这里列举其中两个。一是加拿大政府没有理解北大西洋生态系统和相关食物链的复杂性。鳕鱼只占海豹食物的3%，而北大西洋生态系统是由50多种物种组成的复杂网络，其中包括软体动物、甲壳动物、鱼类、鲸类和海鸟。它们都或多或少地直接影响着其他物种的生存。

智人也处在这样一个生态系统中，自然界是多样性的统一，而我们却常常忽略了最后两个字“统一”。我们是一种生活在关系网中的哺乳类动物，海豹也是复杂而紧密的关系网中的一员。

二是加拿大政府的顾问们用一个只有海豹和鳕鱼两个变量的线性方程来分析问题，犯了一个严重的错误，那就是忽视了人类对此产生的影响。

事实上，过度捕捞或过度开发渔业资源是一类属于公地悲剧（tragedy of the commons）[1]范畴的现象。

如果许多渔民从自身利益出发，争抢同一种鱼，他们的船只会不断涌入北大西洋的水域，那么捕捞的鳕鱼数量会不可避免地超过鳕鱼种群的恢复速度，即超过物种繁殖和生长的能力。

进化游戏的规则十分复杂，如果我们能将其牢记于心，记住重复进化一百次会带来一百种不同的结果，那么概率评估和对不确定性的合理管理会给我们带来诸多好处。

在复杂的气候模型中，一个变量的微小变化就可能导致地球平均气温的升高，就像蝴蝶在你们坐的地方挥了挥翅膀一样。

我们无法准确地预测这种情况何时会发生以及具体的升幅是多少，而这正是概率判断学学者能够帮助

---

① Garrett Hardin, Tragedy of the Commons,in *Science*, 1968.

我们，也应该帮助我们理解非线性现象的地方。

我们别再重蹈鳕鱼事件的覆辙了，一定要处处留意！

第五章

无用性感知

我们为何会觉得自己的存在没有意义

父亲去世后，我常常来这里。我觉得整个世界就像一台巨大的机器。机器里永远不会有多余的零件，每一个部分都是精确匹配的。所以我想，如果整个世界是一台巨大的机器，我就不可能是多余的。我在这里是有意义的，你也是。

这段话出自雨果·卡布里特（Hugo Cabret）之口，他是2007年布莱恩·塞兹尼克（Brian Selznick）一部小说中的经典角色，也是2011年马丁·斯科塞斯（Martin Scorsese）改编的电影中的主人公，斯科塞斯用电影特有的抒情方式打动了观众的心，让他们永远记住了雨果这个角色。雨果是一位生活在20世纪30年代巴黎的少年，他是个孤儿，处在社会的边缘地带，总喜欢四处搜寻和修理坏掉的时钟。最终，这成了他的人生使命，通过修复损坏的机器和探究一台停止运转的自动装置背后的秘密来弥补失去父亲的伤痛。在这个关于电影早期发展阶段的迷人的虚构故事中，主角在一个像巨大齿轮一样运行的世界中找到了自我和归属。

我以雨果的这种动人的想法作为本章的开端，想要阐明我们与周围环境的关系，以及我们对全球变暖等问题的潜在影响。毕竟，面对巨大的挑战，我们这些渺小的人类能做些什么呢?

在气候变化的面前，感到无能为力和无用性是一种常见的、难以摆脱的情绪，正因为如此，我将探讨人类与地球上其他类似的生物相处时，是什么驱使我们选择用特定的方式开展行动。生物学家们开始谈论一个真正的时代——人类世，在这个时代里，地球环境的所有物理、化学和生物特征都在地域和全球层面受到了人类活动的强烈影响，比如大气中二氧化碳和甲烷浓度的升高。

现在说这些可能有些超前，但我们的自我认知、角色定位和做决定时的决策环境都会影响我们和其他生物的生活，这是气候变化心理学的一个基本层面。

就像雨果为了找到生命的意义而不停地修理时钟一样，我们也需要反思自己在日常生活中为何从未停止思考关于人类物种的根本问题：不是我们“为什么”在这里，而是我们“怎么会”在这里，还有面对轮廓不清晰的明天，我们打算“如何”构建人类的未来。

我将在接下来的内容中，借助社会科学的一些理论贡献，帮助你们理解智人是否以及为什么能够超越自我思考，不再为自己的边缘型无能找借口，最终成为一个意识到自己对地球影响的物种。

人类世，归根结底就是要摈弃各种无用性的托词，承担自己作为与环境互动并改变环境的生物所应负的责任，进而有机会改变未来的走向。

人类学家和历史学家，比如哈拉里（Harari）[①]等，试图解释智人是凭借何种进化动力战胜了与之竞争的其他物种，又是如何利用智慧哺乳动物的品质和特征，通过无伤大雅的八卦和匿名形式的大规模合作来不断进化。

上述两个特征虽然过于简化，但人类是哺乳动物中唯一能够建立大型社区的动物，而这种社区正是建立在信息共享的基础上，信息共享不仅能带来一些好处（比如我们能从八卦中获益），人类还能在不建立亲子关系或近亲关系的前提下，与其他同物种生物进行互动。

我们从个人的生存环境进入一个有着复杂组织结构的目标群体中，实现了跨越式发展，决策空间应运而生。在这个空间里，我们同雨果·卡布里特和屡屡受挫的环保主义者有着同样的困惑——不起眼的我能

① Yuval Noah Harari, *Sapiens*: *breve storia dell' umanità*, Bompiani, Milano 2011.

做些什么呢?

因此，有必要分析博弈论中的一些概念和主要成果。博弈论是数学的一个分支，主要研究两个主体在战略互动中如何选择自己的行动方案，以一种更为简单的方式去理解影响行为的决策动力。

博弈论

博弈论处理的问题都基于假设，不切实际的一点在于，在经典的决策节点模型中，只有两个人能在一个选择矩阵里进行互动，这一点我们会在后文详细说明。大量案例中显示的社会困境表明，世界上有很多人需要面对自由搭便车者（或者说机会主义者）的现实挑战，尤其是当他们遇到潜在的道德困境时，他们会努力寻找自己做出文明、负责任行为的动机。

我们在生活中早晚会碰到这样的问题：我应不应该插队？我能不能不买票坐地铁？反正团队项目完成

了我就能得到奖励，那我还需要积极参与吗？这就是道德困境。

以全球变暖为例。气候变化的减缓对地球上的每个人都有好处，但有很多人即使不为减少二氧化碳排放做出贡献，也能享受到这个好处。

我们不妨先从一些更贴近我们日常生活的案例入手，这样或许更能理解人类的某些行为和想法。

在东南亚一些农村地区，很多农民仍要靠共用的灌溉系统来种植作物。这个系统需要持续维护，因此总是需要新的投入。所以，每个农民都得决定自己愿意为生产活动出资多少。这就是一种典型的公共产品出资模式，就像买地铁票一样，因为灌溉对整个社区都有益，即使有些农民不出钱，其他人也能承担系统维护的成本。

我们来看一个战略互动的例子。假设有四个农民，他们要决定是否为一个灌溉工程的维护出钱。假设每个农民需要为该项目出资 10 欧元。这些数字是完全虚构的，但可以帮助我们简单地理解选择的动机。当其中一个农民为这个共同项目出资时，四个农民都能从灌溉带来的收成中受益，假设每个农民能得到 8 欧元。

正如前面所说，为灌溉工程出钱是一种典型的公共产品出资模式，也就是说，一个人使用某种产品或服务并不会影响其他人对这一产品或服务的使用。用我们经济学家喜欢用的术语来说，这就是所谓的非竞争性消费。

让我们从其中一个农民的角度来看问题，假设这个农民叫谢尔顿。

如果另外两个农民（莱昂纳德和霍华德）都愿意为灌溉系统出钱，谢尔顿就能从他们每人的出资中得到 8 欧元的收益。如果谢尔顿决定不为灌溉项目出钱，那么他的总收益就是 16 欧元。

下列计算过程总结了谢尔顿和其他农民之间的战略互动的结果。

如果谢尔顿决定参与灌溉项目，他就能得到 8 欧元的额外收益（其他三个农民也能得到额外收益）。但他要付出 10 欧元的成本，所以他最后的总收益是 14 欧元。

从莱昂纳德和霍华德的出资中得到的收益 = 8+8=16

自己出资带来的收益 = +8

公共项目的成本 = –10

合计 = 14 欧元

现在，谢尔顿在做决定时，通过图 5.1 的柱状图获取了一些信息。这个柱状图表明谢尔顿的决定不仅取决于他的总收入，还取决于其他农民中有多少人愿意为共同的灌溉项目出钱。可以看到，浅色的柱子都比深色的柱子高，也就是说，谢尔顿为公共物品出资获得的收入要比他选择做机会主义者时要低。

这就是随着全球变暖在全世界范围内出现的社会困境。不管莱昂纳德、霍华德和拉杰怎么做，谢尔顿如果不为公共项目出钱，他赚的钱就会比他决定做一个负责任的人要多。

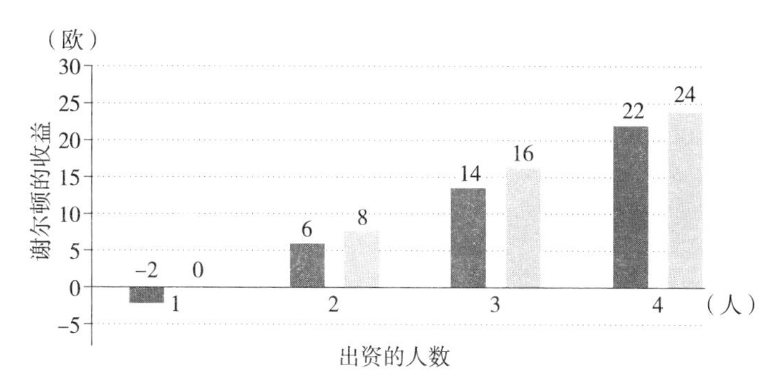

图 5.1　公共物品博弈：一种社会困境

同样，不考虑其他国家的选择，一个国家如果不承担减缓气候变化政策的成本而继续放任自流，对这个国家自己来说可能是更划算的。这也是为什么许多国家都拖到最后一刻才做出具体的减排承诺。如果其他国家先行动，我（单个国家）就可以从中受益，我就能排放更多污染物，创造更多收入，降低生产成本。

博弈论中，不出力（或不合作）是一种占优策略。

有一个具有代表性的例子——囚徒困境。

赛奈德（Cyanide）和哈皮尼斯（Happiness）是两

个抢劫犯，他们被警察逮捕了，但是警察缺乏足够的证据证明他们抢劫，只有证据证明他们非法持有武器，所以只能判他们一年的监禁。警察决定分别在两个房间里审问赛奈德和哈皮尼斯，给了他们几个选择：如果其中一个人招供，另一个人不招供，招供的人可以免罪，不招供的人则会因为持枪抢劫坐 20 年牢；如果两个人都不招供，他们会因持有非法武器各坐 1 年牢；如果两个人都招供，警察就能掌握他们实施抢劫的证据，他们会入监服刑 10 年（如表 5.1）。

表 5.1　赛奈德和哈皮尼斯收益矩阵

		哈皮尼斯	
		招供	不招供
赛奈德	招供	(10, 10)	(0, 20)
	不招供	(20, 0)	(1,1)

表 5.1 列出的便是收益矩阵（payoff），它显示了每个博弈者与对话者进行战略互动的可能结果。括号里的数字表示每个参与者的预期收益，第一个数字代表行参与者（本例中是赛奈德）的刑期；第二个数字代

表列参与者（哈皮尼斯）的刑期。

为什么叫囚徒困境?

因为从个人的角度来看，不管对方怎么选，招供都是很划算的。

假设我们是赛奈德，如果对方招供，那我们也最好招供，因为这样就能被判10年而不是20年。

如果哈皮尼斯不招供，我们也最好招供，因为这样我们就能免去牢狱之灾。

从理性上讲，供出犯罪事实是最优的策略，但是如果双方都这样做的话，就得各坐10年牢；相反，如果都不招供，他们只需要服刑1年。这就是社会困境所在。

按照个人利益的逻辑，合作是不合算的。

谢尔顿和他的农民朋友们的公共产品出资博弈是一个涉及多人的囚徒困境。如果农民们只考虑自己的个人收益，那么就会出现一种占优策略均衡，即没有人出钱，收益为零。而如果所有人都出钱，每个人就能得到 22 欧元。如果所有人都合作，那么每个人都会受益。但如果不考虑其他人的选择，对单个农民来说，最划算的选择是像机会主义者那样利用他的同伴。

不过幸运的是，实验和实地调查的证据表明，理论和实践是不一样的。事实上，人类的合作性比想象的要强，这也是前面提到的人类缓慢而持久的进化策略的结果。

诺贝尔经济学奖得主埃莉诺·奥斯特罗姆（Elinor Ostrom）一生致力于研究制度环境与社会规范，因为它们能激励人们追求共同利益，而不是变得自私利己。这一机制主要受到两个方面的影响，一是我们自身的判断使然；二是我们作为社会成员，希望简单的公平原则能得到遵守。但是，公平和效率并不总是情投意合的，它们有时会相互促进，有时会相互影响，有时甚至会相互冲突。要研究这些相互作用，还有另一种博弈，叫作最后通牒博弈。它被广泛应用于世界各地，学者们曾就这一博弈论开展过一次实验，实验对象包括学生、农民、店主和远离工业文明土著社会的狩猎采集者。[①]

他们参与了一场以金钱为赌注的游戏，能赢多少钱取决于自己和其他参与者的表现。所以，就像前面介绍的公共物品博弈一样，这是一种战略互动，每个人的收益都取决于其他人的行为。在这类实验中，发表在科学杂志上的研究都用了真实的钱，否则我们无法确定受试者对假设问题的回答是否反映了他们在现实生活中的行为。

最后通牒博弈是如何进行的呢？

受试者随机分成两人一组。其中一个扮演提议者，另一个人扮演回应者。

受试者不认识对方，但知道对方是和自己一样被招募来参加实验的，他们都是匿名的。提议者先从实验者那里拿到一笔钱，比如100欧元，他需要将这笔钱的一

① Nicholas Cristakis, *Blueprint: the Evolutionary Origin of a Good Society*, Little, Brown and Company, New York 2019. 本书中汇总了大量类似的实验。

部分分给回应者。这笔钱可以任意分配，包括全留或全给。我们可以把这笔钱看作一个蛋糕，因为实验的关键在于，如何在参与者之间分钱。分配的方式为“提议者分到 x，回应者分到 y”，其中 $x + y = 100$ 欧元。回应者知道提议者有 100 欧元要分。看到提议后，回应者可以选择接受或拒绝。如果拒绝，两个人什么都得不到。如果接受，就按照提议者的决定分配，提议者得到 x，回应者得到 y。

比如，如果提议者提出 35 欧元，回应者接受，提议者留下 65 欧元，回应者拿走 35 欧元。如果拒绝，两个人都将空手而归。

这是一个“要么接受，要么放弃”的提议，所以这种博弈被称作“最后通牒博弈”。

博弈树

我们先来看一下简化后的最后通牒博弈，这可以用一个叫作博弈树的图（见图5.2）来表示。假设提议者要么提出“五五分”的公平提议，要么提出“八二分”的不公平提议（即提议者自己留下80欧元）。回应者可以选择接受或拒绝。

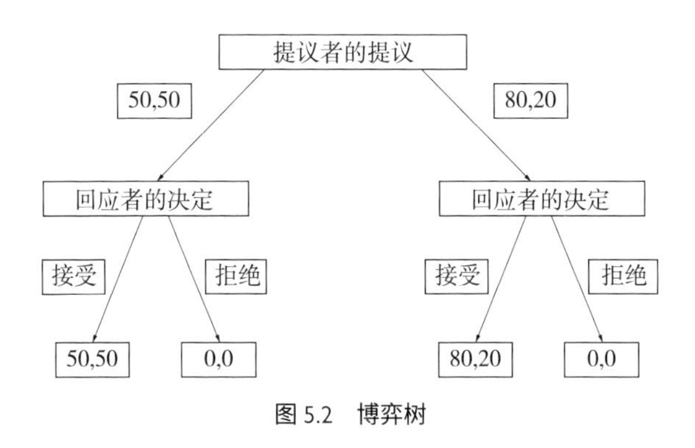

图5.2　博弈树

真实实验中，提议者可以随意分配总金额，包括全给或全不给。为了方便分析博弈者之间的互动，简化后的博弈里只有两个提议，一个公平，另一个不公平。

其实，博弈树能有效地表示社会互动，因为它会显示谁要做什么、什么时候要做出选择以及可能的结果。我们会看到，在最后通牒博弈中，先是一个博弈者（提议者）选择他的策略，然后回应者再做选择。

这被称作序贯博弈，因为每个博弈者在行动之前都知道前一个博弈者的行动（这和我们之前介绍的囚徒困境不一样，囚徒困境是一种同时博弈，每个人都要同时做出决定）。

策略互动

提议者的收益由回应者的选择决定，所以提议者要想好对方可能会怎么做。这就是所谓的策略互动。如果你是提议者，不能先试探性地给一个低价看对方会怎么反应，但你只有一次出价的机会。现在，请试着回答以下问题：

1. 如果你是最后通牒博弈中的回应者，你会同意（50，50）的分配吗？你又会同意（80，20）的分配吗？

2. 角色互换，如果你是提议者，在游戏中，你会分给对方多少钱？如果对方是你的朋友、陌生人、需要帮助的人或竞争对手，你的出价会不会随着他们的身份而发生改变？

下面有一些线索能帮你回答这些问题。

平分（五五分）有价值的东西是许多群体内使用的社会规范，就像生日时给亲友送礼一样。社会规范是整个群体的共同准则（几乎人人都遵守），它会告诉一个人在群体中应该怎么做才能得到大多数人的认可。建立大型社区还需要把这些规范内化，形成默示义务和互惠原则。

如果回应者觉得提议者的出价违背了公平的社会规范，或者有其他原因造成出价太低，他可能会不惜损失自己的收益，也要惩罚不守规矩的提议者。

从逻辑和理性的角度来看，如果你是最后通牒博弈的回应者，而且你只在乎最终收益，那么理论上你应该接受任何提议，只要出价高于零，你就有利可图，即使只有 1 欧元。

客观地说，不管有多少钱，有总比没有强。但是，如果你重视公平，而提议者给你的报价太低，你觉得不公平，你可能会选择拒绝。

这样一来，你和提议者一分钱都拿不到。这种结果其实是浪费了100欧元，没能让任何一方得到好处，这显然是很低效的。

在一个只有自利者（我不想用“自私”这个词）的世界里，每个人都明白游戏里所有的参与者有着同样的目标，就是最大化自己的收益，那么提议者可能会认为回应者最后会接受任何大于零的报价，因此，提议者会尽量给一个低价。

这个预测和实验数据一致吗？

我们又可以松口气，因为答案是：不，完全不一致。和公共物品博弈中的囚徒困境一样，实验数据推翻了个人完全自私的观点。太低的报价总是会被拒绝。如果只要花1欧元就能惩罚一个自私的人，让他一无所得，也就不难理解为什么大多数人愿意这么做了。

理性的我们：如何形成“我们”的意识

我们如何才能克服无用感的困扰，培养一种自发形成的社群意识和对人类的归属感？在社会科学的研究中，有一种非常有效的方法，就是所谓的“理性的我们”。

“理性的我们”一词最早是由哲学家马丁·霍利斯（Martin Hollis）[①]提出，它的目的在于建立一种超越单纯功利主义的理性概念，有效地把互惠性和关系性纳入行为分析。从本质上说，这是一种范式的转变，从功利主义的后果论“这个行为对我有好处”，变成“这是我参与的集体行为，对我们有好处”。

想想全球变暖的问题，我们会发现人类按照这一

① Martin Hollis, *Trust Within Reason*, Cambridge University Press, Cambridge 1998.

逻辑来采取行动是至关重要的。

卡尔·波兰尼（Karl Polanyi）、塞奇·拉图什（Serge Latouche）等人建议通过回归传统的价值观，来弥补个人动机造成的负面的外部性损失，而“理性的我们”的方法与这些完全观点相反，因此也更有成效。看起来美好的“去增长”，实际上是建立在一种消极的人类学上，面对过度开发，它提倡个人像苦行僧一样做出放弃和牺牲。霍利斯提出的方法则更振奋人心，他提倡人们在理性行为的基础上进行博弈，同时扩大博弈的范围，以便理解博弈中理性的层面。

我们需要一个更加社会化的概念来定义人是什么，就像我们需要一个更加贴近人的社会角色的视角一样，它能让我们明白世界是如何运转的，有助于展现我们的人性。①

---

① Martin Hollis, *Trust Within Reason*, Cambridge University Press, Cambridge 1998.

为了具体说明关系性行为，我们以大学课堂为例。

当一个学生决定是否要选一门选修课时，他不是出于简单的个人选择，而是考虑到一个临界值（我们称之为“足够”），即教室里的最少学生数。

还有一个更常见的情况，如果你收到了一个不太想去参加的婚礼邀请，你的选择也会取决于其他被邀请的朋友里有多少人决定参加。

为什么有时候为公共物品做出贡献的人会特别在意那些投机取巧的人，而有时候则毫不在意呢？我认为，只要有归属感，“足够”的逻辑就能让大部分人决定为公共物品做出贡献。如果献血者相信会有足够多的人献出足够多的血液，他们就会愿意献血。所以，依靠利他主义的公共物品涉及一个“足够”的问题，只要它的体量“足够”大，能够保证所有人能享受到集体产品，那么就会有“足够”多的贡献者觉得为集体产品做出贡献是一件非常值得的事情。所以，“足够”

就是“足够”。[①]

“理性的我们”方法可以解释清楚一些博弈论中看似矛盾的结果，比如，为什么我们总能看到一定程度的内在合作。

事实上，博弈论在不断发展着，由此演化出了行为博弈论[②]。近年来实验室实验结果都表明，囚徒困境实验中，选择合作的比例在40%—50%。就算实验对象都是文科生，或者至少没有相关的经济学基础，实验结果没有太大出入。

问题是，那些不顾一切选择合作的人是不是因为他们不理性？或者说，他的行为是理性的吗？是什么促使所谓的少数先知先觉者依良知而行？

韩剧《鱿鱼游戏》讲述了一场致命竞赛，456个人

---

① Martin Hollis, *Trust Within Reason*, Cambridge University Press, Cambridge 1998.

② “行为博弈论”观点参考自：Martin Osborne e Ariel Rubinstein, *A Course in Game Theory*, The Mit Press, Cambridge 1994。

参加6场儿童游戏，争夺巨额奖金。他们都是走投无路的失意者，负债累累，铤而走险，为了赢得终极大奖，不惜一切代价，甚至不惜赌上自己的性命。数百个素不相识的人因为对金钱的迫切需要而聚集在一起，他们之间的互动展示了智人的冲动和兽性，当他们一无所有时，就会变成只为生存、道德沦丧的哺乳动物。

但是，剧中对灵魂的深刻剖析也回答了一个更为紧迫的问题——“有人性”这个词究竟意味着什么？

面对绝望引起的困境，智人会慷慨地帮助和关心他人，还是会为了生存本能地变得自私自利？面对他人，人类是托马斯·霍布斯（Thomas Hobbes）口中的狼，还是有希望形成社会身份认同感？

“理性的我们”概念框架的构建基于两种横向方法，它们能帮助我们解决上述疑问：一方面，“思考的我们”（we thinking）概念强调，在囚徒困境中，人们在不确定的情况下几乎会本能地感受到可能的合作所带来的结果（回报），也就是集体利益的优势和好处。

从赛奈德和哈皮尼斯的角度来看，他们抓住机会不认罪的深层动机有这点。

本质上，归属感的功能会被激活，它会让每个人对一个特定的群体产生身份认同，作为“我们”去想事情。

这种对群体的认同行为是怎么产生的，可以用心理学上的框架（frame）概念来解释。人类大脑的认知结构会让归属感的功能像笛卡尔的直角坐标系一样被激活，两条数轴相交的原点不再是“我”，而是“我们”。

另一方面，理性的“思考的我们”在决策问题的分析中引入了互惠的概念，也就是说，团队推理（team reasoning）只有在群体中的每个人都相信其他成员也会采取合作行动时才能起作用。简单来说，当人们作为一个整体而不是单个个体的总和来行动时，有一种理性的保证，这是一种“相信群体观点的公共理性”。[①]

---

① “相信的公共理性”（Common reason to believe）由英国经济学家、哲学家罗伯特·萨格登（Robert Sugden）提出。

来看一个我们在日常生活中或多或少都会碰到的问题。假设我们决定是否要对垃圾进行正确的分类，比如，我们需要决定是把比萨盒扔到不可回收垃圾桶还是扔到废纸回收桶。在我们面前有两种选择：

1. 如果我们的城市变得更干净，我们的邻居更有公民意识，这对我们是有好处的，这种想法会促使我们做出正确的选择；

2. 进行垃圾分类需要个人成本（劳累和精力），不分类则会带来个人收益（节省时间）。

如果此时我们脑中出现“我们”的意识，我们就有可能认真垃圾分类。

于是，我们决定以负责任的态度行事，每天早上都会去垃圾房的回收桶里扔垃圾。在那里，有些邻居像我们一样尽心尽力、花时间和精力进行分类，还有一些邻居，因为把垃圾随手扔到垃圾桶里更方便，所以偷懒省事，不按正确的方法进行垃圾分类。

从上述两种情况可以看出，只有当个人垃圾分类带来的集体利益大于乱扔垃圾的情况时，我们才会坚持进行垃圾分类。反之，如果我们感受不到“公共理性的保障”，即发现大部分邻居没有正确地进行垃圾分类，我们也会放弃垃圾分类。如果我们意识到邻居们的不配合，会让我们失去动力，从而不再认真地进行垃圾分类。

作为在集体中积极承担一定责任的“我们”，只有在“确信”有很高比例的合作者时，才会选择合作。

以大学选修课程为例，有些学生经常会去上课，有些学生则从来不去上，但大多数学生只有在确认教室里有足够多的学生时才会选择去上课。

总之，需要一个“足够”的数字。

在过去的几千年里，人类面临的关键问题就是——多少才算“足够”？

这实际上因人而异，一般来说，它是每个人在决定是否去上课或是否接受婚礼邀请时心中隐含的临界值。如果教室里或婚礼上预计出席的人数达到或超过这个“足够”，那么去的意愿就会占上风。反之，我们就会选择待在家里或找个借口不去。

在适应全球变暖或减缓全球变暖的行动中，每个人都能成为领军人物，关键在于找到“足够”的价值与意义，就能让一个想法从小众变为主流。

甘地领导的印度独立运动是个很有趣的例子。决定最终胜利的“食盐进军”运动开始时，随“圣雄”甘地而行的只有寥寥数人，甘地不过是少数的先知先觉者。但当他们到达目的地时，沉默的大多数人出现了，数十万人聚集在印度洋的海滨。这些人可能是“思考的我们”，之所以决定加入抗议活动，是因为他们认为参与其中的人数已经达到并超过了他们心中的临界值，于是挺身而出，奋起反抗。

类似的情况同样发生在格蕾塔·通贝里发起的“未来星期五”运动中，如今已有数百万来自世界各地的年轻人加入了这场抗议活动。

人们在思考社会变革机会时经常忽视的一个问题是：一个想法要得到广泛传播，并不需要得到超过半数人的同意。

事实上，能否达到紧密合作的平衡点，关键在于是否存在大量高质量的“思考的我们”的主体，他们需要将自己视为一个流动的整体，或是一个受到启发、以变革为导向的“我们”，抑或是一台所有齿轮都正常运转的机器。而这反过来又取决于一些客观条件，如合作的成本，以及一些更主观的因素，比如“保障”，即很多人会参与合作。

其中，有两个因素对于加强个人的集体意识尤为重要。一是有共同利益（如果存在两种可能的情况，其中一种情况比另一种情况更能保障双方的利益，这一因素就会发挥作用）；二是感受到相互依赖（没有人可以独立于其他人来做出决策）。对这些特征的认知会随着人与人之间互动环境的变化而变化，它可以促进协作和合作策略的形成。

系统又一次让我们感受到了数学的复杂性，雨果·卡布里特所痴迷的机器运转的奥秘，实则揭示了人类在地球上幸福生活的机制。

在本章的最后，我想说一个关于“希望之根”的案例，希望你们能从中受到启发。生态学家苏珊娜·西马德（Suzanne Simard）[①]曾对加拿大森林中的树木种子进行一些植物学方面的研究，她和同事们开展了一系列相关实验，试图探究一个相互联系的生物网络的行为。很多时候，提到森林时，我们只会关注地面上的东西，认为我们目之所及就是树木的总和。其实土壤下的一切，是一个由相互沟通交流的根系形成的系统，也是森林中不可或缺的一部分。

西马德将几棵树的根部与森林中其他树木隔离开来，想要了解森林系统的运作机制，当群体（森林）中

---

① 西马德教授曾做过一次精彩的 TED 演讲，讲述了自己的研究过程，这场演讲在相关网站上可以搜索到。

有一个孤立的、濒临死亡的元素（树）时，其他树木会做何反应。它们会放任它死去吗？还是会伸出援手？

实验结果表明，如果森林中有一棵树除了水以外，缺少其他一切必需的生存资源，成为一个濒临死亡的个体（这种情况下，它可能会倒下，对整个森林系统造成危害），其他树木会向这棵树输送养分。

这一结果传递的信息并不复杂，具有启示意义。它表明，即便是没有大脑的生物，也会将合作策略视为最有效的生存方式。

同样，人类群体复杂的社会互动令人着迷，引人入胜。一位意大利研究人员发表了一项研究报告，试图通过实证研究来解释社会资本和公民行为在斯堪的纳维亚社会中更为普遍的原因[①]。该研究利用几个世纪前北欧国家的气温和降雨量的古气候数据，得出结论：在收成不稳定和波动的农业社会中，天气条件的不利

① Ruben Durante e Johannes Buggle, in *The Economic Journal*, luglio 2021, vol. 131, No. 637, pp. 1947–1987.

影响是促使人们与来自不同村落的村民共同分担风险的关键因素，随后形成了针对作物歉收的相互保险机制。

因此，合作应对极端现象成为维护集体利益的主要战略。合作源于不利的初始条件，经过几个世纪的沉淀，成为一种持久的文化因素。这一文化因素促成了公民对再分配和社会正义的偏好，这是当今斯堪的纳维亚国家的特色，也解释了为何北欧国家的福利投入会如此慷慨。

文化与进化再次合二为一，让雨果得以洞察人类社会这台巨型机器中每个齿轮的作用。

第六章

看见看不见的世界

我们如何发现房间里的大象

混沌不是深渊。混沌是阶梯！许多人试着爬上来，都以失败告终，坠落让他们崩溃，遂不得而终。还有人本有机会攀爬，但他们拒绝了。他们守着王国不放，守着诸神，守着爱情——全是假象。唯有梯子真实存在。攀爬才是生活的全部。

让我们用《权力的游戏》中的人物——“小指头”培提尔·贝里席（Petyr Baelish）的一段话作为本章的开篇。我们已经广泛地探讨了复杂性和系统性，以及在理解气候变化等现象时采用二元逻辑的不可行性。我们还用大量的例子说明了当我们面临不确定的现实，必须决定如何应对时，我们会遇到认知错误、认知陷阱和无力感。

了解了这些概念之后，贝里席的这番话更值得我们深思。

让我们静心观察他所说的复杂性，观察那种难以言表的混沌，去欣赏它的美，或者至少对它敬畏有加。

气候变化的影响

全球变暖的悖论在于，它就在那里自然地膨胀。我们把它比作在全球徘徊的幽灵——灰犀牛，或者用之前提到的比喻——房间里的大象。它是一种庞大的存在，与之相比，我们的渺小、无力感更加明显。然而，我们所说的“看不见”与经典故事里的幽灵不太一样，更像是哈利·波特的隐形斗篷。穿上隐形衣，巫师消失在人们的视野中，但他走过的路、做过的事都是实际发生的，然后在你最不想见到他的时候，猛然揭下他虚幻的外衣，出现在你面前，让你大吃一惊。

贝里席的一番话颇富深意，《权力的游戏》引言中提到的关于“凛冬将至”的预言，生动地展现了气候变化这一超对象（iperoggetto）[①]的复杂性。

冬日里的临冬城，寒风呼啸，“凛冬将至”这句贯穿全篇的主题语在不断重复中失去了力量，显得琼恩·雪诺（Jon Snow）像个唠叨不休、可笑的英雄。读者的注意力、电视剧的狂热粉丝的注意力，以及王国中的每一个子民的注意力，都被提利昂·兰尼斯特（Tyrion Lannister）、艾莉亚·史塔克（Arya Stark）和坦格利安各大家族之间无休止的激烈纷争所吸引。

异鬼的威胁象征着人与自然之间盟约破裂，尽管书中所有人要面对的不是全球变暖，而是无尽的凛冬，

---

① 超对象是作者在这里使用的一个专有名词，其定义如下（源自百度）：“超对象被定义为一种无形的存在，它们广泛分布并作用于时空中，尽管我们对它们的整体理解有限。一些具体的例子包括气候变化、进化、互联网、黑洞和生物圈。此外，地球也可以被视为所有这些超对象的集合体。”——译者注

但异鬼也是气候变化的完美隐喻，时时显露于字里行间。

尽管从一开始就知道“凛冬将至”，也明白防患于未然是明智之举，可更吸引我们的还是提利昂·兰尼斯特的足智多谋、瑟曦·兰尼斯特（Cersei Lannister）的心高气傲和丹妮莉丝·坦格利安（Daenerys Targaryen）凶猛的巨龙。

直到最后一季，他们才匆忙决定暂时搁置王位之争，抽出一刻钟的时间来关注夜王（Night’s King）和艾莉亚·史塔克那把杀死夜王的瓦雷利亚钢匕首。

剧中艾莉亚对死神说：“时机未到。”其实我们也一直在对“全球变暖之神”重复这句话。

为什么会这样呢？

来做个常规的具象思维练习吧！想象一下，大量人群前往圣彼得广场，准备参加一次团体旅游。广场入口处的数字计数器上不断显示着缓缓涌入的人群。

1、2、100、1000。

人群有序地在广场上排队等候，计数器最终显示的数字十分惊人：15 万人。

此时，扩音器里传来一个冰冷的声音：“世界卫生组织估计，与气候变化直接相关的死亡人数已达 15 万人。”[①]

人们陷入沉思，不出片刻，广场上便空无一人。

每年 15 万人，差不多是卡利亚里市的总人口数。

10 年后，将有 150 万人死亡，相当于米兰市的人口数量。

这些惨剧不是发生在遥远的将来，而是发生在当下，未来死亡人数会上升至一个更恐怖的数字。

这不是一本悬疑小说，我们所说的并非线索，而是我们手头上一些零散的、不可辩驳的证据和数据。

2003 年夏天被气候学家称为“炙热的漫长夏日”，彼时法国巴黎与高温相关的死亡率暴涨了 70%，据估

① 世界卫生组织参考的研究详见此链接文章：https://www.who.int/publications/cra/chapters/volume2/1543-1650.pdf?ua=1。

计，约有 600 人因人为造成的气候变化而丧命。

一个夏天就夺走了 600 条生命。[①]

我之前提到过认知陷阱和启发法，比如世界上遭受恐怖主义袭击的受害者其实很少（巴黎巴塔克兰音乐厅袭击事件中，有 130 名法国人遇难）。这并不是要淡化恐怖袭击事件的惨烈和死亡的残忍，但事实摆在眼前——你更有可能遇到气候异常事件，而不是神风特攻队的袭击。

如果你觉得这些例子还不够震撼，那么《自然·气候变化》（*Nature Climate Change*）[②] 杂志上的一项研究会让你感到更加不可思议。这项研究由柏林的两家机构——墨卡托研究所（Mercator Research Institute）和

---

① Daniel Mitchell et al., Attributing Human Mortality During Extreme Heat Waves to Anthropogenic Climate Change, in *Environmental Research Letters*, 2016, vol. 11, No. 7.

② Max Callaghan et al., Machine-learning-based Evidence and Attribution Mapping of 100000 Climate Impact Studies, in *Nature Climate Change*, 2021, vol. 11, pp. 966–972.

欧盟非营利组织“气候分析”（Climate Analytics）的研究人员合作完成。他们分析了自20世纪50年代以来发表的大量关于气候变化影响的文献（约10万篇科学文章），采用了基于机器学习的半自动化的研究方法。经过人工筛选，他们发现很少有文献将全球变暖与气候变化联系起来。于是，他们将收集到的所有文献按照全球地图上的小区域进行划分，并将得到的全球变暖的影响数据与仅反映自然变率的气候变化趋势数据进行对比。结果显示，人为造成的气候变化已经波及地球表面80%的区域，影响了85%的世界人口。

情绪和理性相互依存

大象的体型越来越庞大。除了前面几章介绍的认知机制外，我们还可以用《小王子》里的一句话来做出解释，当本质难以用肉眼看见时，我们的大脑会发生什么变化。这一切都取决于如何理解一个词——理性，它在千百年间被赋予了各种各样的意义。

理性是什么？什么样的行为才能算是“理性”的？行为科学的巨大贡献不在于给出了一个与其他学科不同的答案，而在于更好地拓展、完善了理性这一概念本身。

千百年来，最聪明的人类一直在努力给理性下定义，提出了一些有力但不完备的隐喻，比如激情和感觉、理智和计算。布莱士·帕斯卡（Blaise Pascal）说过：“心有其理，理不可知。”佛陀渴望成为驯象人，遂用钢钩钩住大象的嘴巴，将其驯服，正如智者控制自己的激情一样。

《费德罗篇》里，柏拉图用“战车”的隐喻表达了他对理性的哲学见解，这个见解或许并不完善，却十分前卫。御车者代表理性，驾车的两匹马性格截然不同，白马代表更高尚的灵魂（thymeidés），它指引人们通向理性世界；黑马则代表着更易受肉体诱惑和原始本能影响的灵魂（epithymetikòn）。理性驱使战车前进，朝着只有勇者才敢追求的理性世界前进。柏拉图的神话是古老的，荣格通过战车的隐喻来解读塔罗牌的象征意义[①]也证明了这一神化的古老性。柏拉图的神话也是现代的，理性并未简单地被看作负责有序规划未来的灵魂（也就是我们今天所说的大脑）。

我们之前提到过，丹尼尔·卡尼曼将我们做决策时的思维方式分为"系统 1"和"系统 2"，前者是更加自发和本能的选择，如面对危险时逃跑，后者是需要我们的认知能力参与作出选择，如算出 42 × 78 等于多少。

这些比喻生动形象，揭示了某些事件如何隐于无形之中，就像本章开篇引述的小指头贝里席口中的梯子一样，在急于攀登的人面前，梯子便会隐去踪迹。

上述这些概念并不新颖，同西格蒙德·弗洛伊德（Sigmund Freud）关于自我、超我和本我的人格结构

① 塔罗牌和荣格理论都强调人的内在世界有着很大的非理性、无意识性，需要通过符号和象征性的方式来表达和探索。——译者注

理论相仿，追求享乐的欲望使我们即使不断满足追求，也无法拒绝诱惑。

几千年来，人类一直想方设法解决这一棘手难题，甚至在一些富有创意的对未来世界的设想中也有所体现。《星球大战》中的斯波克先生其实只是人类愿望的一种投影，他是一个完美的决策者，不被情绪所裹挟，总能在危机中做出正确的选择。

《星球大战》的粉丝们相信，原力是一种超越现实控制和理解的神秘力量，只有通过心灵感应才能有所体会。神经科学家也有类似的追求，他们想要打开大脑的“黑匣子”，探索数百万年前促使人类物种进化的秘密。

但是，我们对现实的感知并不是黑马白马的问题，除非大脑是位炼金术士，能够巧妙地调配多巴胺（一种让我们感到快乐和兴奋的神经递质）和血清素（一种让我们感到平静和放松的神经递质）。

在情绪与认知之间做出选择，不是一个简单的化学或数学问题。也许经过几十年或几个世纪的研究，唯一能够证实的就是这两种灵魂之间的关系并不是简单的加减法运算，而是相互依存，就像在格式塔（Gestalt）中那样。有时候，我们说人用肚子做决定，并不是毫无依据的，医学上就有个术语叫“腹脑”。人的肠道里有很多神经元，它们通过迷走神经和大脑相连，控制着肠道系统。许多研究表明，即使切断了大脑和肠道的联系，“腹脑”仍能自主运作。

想听例子吗？

想想肠易激综合征，它就是由神经元的独立性引起的。肠道神经元对神经递质（比如前面提到的血清素）的反应还很难预测。比如阿普唑仑的说明书上写着“肠道功能紊乱是其副作用之一”。

我们在重要事件发生前会感到焦虑，这是因为我们无法控制和预测其结果。但是，在一定程度上，这种情绪也能让我们感受到事件的真实性，哪怕它是危险的。

总之，不能简单地把大脑拆开来看。老一辈科学家喜欢用计算机来比喻大脑，认为它们能处理信息、寻找最优解、存储记忆。这个比喻虽然直观，但很不全面。

无意得罪艾伦·图灵（Alan Turing）[①]，但我们不能把大脑当成一台迅速执行一系列指令的机器。

或者说，不只是这样。多年前，有一种很流行的说法将大脑大致分为两部分。一部分是边缘系统，它是大脑中进化程度较古老的部分，由三个子部分组成：下丘脑（负责基本的生理需求）、扁桃核（负责对环境产生情绪反应）和海马体（负责记忆）；另一部分是覆盖大脑最内侧表皮的新皮质，它是人类特有的部分，与言语生成有关，也是大脑做出最明智、最复杂决策的地方。

这样一张“大脑地图”，简单明了，阐明了人类进化的过程。以原始本能为核心，灰质（或者皮层）的

---

① 计算机之父，人工科学之父。——译者注

惊人发展使人类从众生物中脱颖而出，拥有了自我选择的能力。然而，与实际情况相比，二维地图总会显得过于简单。神经科学中提到一种普罗米修斯式的进化过程，同普罗米修斯从众神处偷出火种、解放人类一样，这一进化过程描述了大脑的一部分如何将人类从奴役中解放出来，开启一个理性和控制的时代。

如果我们把情感和本能都限制在内部的边缘系统里，然后用大脑皮层这层理性的金箔将它们包起来，不是易如反掌吗？但是，如果要描述人类对全球变暖等现象的感知和行为，我们会发现思维模式并不简单。

事实上，大量研究表明，大脑皮层受到严重损伤的人，很容易产生痴迷的变态心理、异常的性本能或性行为。

然而事情远不止这么简单。

达马西奥（Damasio）和他的团队多年来研究发现，新皮质其实是人类感知情绪的关键。实验中，受试者因中风或肿瘤导致眶额皮层受到不可逆的损伤，虽然他们的推理能力和社会规范意识依旧完好，但是失去了感知或用语言描述自己情感的能力。

这就好比我们在科学杂志《自然》（*Nature*）上读到了一篇论文，文中总结了气候变化带来的严重的后果，点明了全球变暖导致的死亡人数与“谁”有关。但我们无动于衷，依旧理性地过着自己的日子。

有趣的是，这些人并没有变成斯波克（Spock）那样的超人、英雄，即在任何情况下都把逻辑放在第一位的超理性者。相反，他们似乎在真正需要行动的时候束手无策，就像在一个有很多口味的冰激淋店里，无法正确评估所有可选的方案。

边缘系统和新皮质其实是相互协作的。当我们面临一个需要选择的问题时，情绪的信号功能会促使我们采取行动，让我们倾向于某一种可能性。然后，理性认知部分（特指该词的史学意义）会让我们对选择有一个更清晰的认知。

不知为何，与柏拉图描绘的战车不同，人类的大脑似乎在反其道而行之。我们的选择决定了我们的即时情绪和反馈，然后我们会通过语言和计划来控制它们。大脑也许只能这样运作，因为边缘系统经历了从类人猿到智人数百万年的进化，而新皮质在人类历史上不过是昙花一现。

智人在复杂多变的环境下发展出来的“八卦”能力不只是单纯的虚情假意、漫不经心，而是具有进化史和进化意义的。

我们做出选择绝大部分是处于自发和本能的反应，只有极少数是程序化的反应。简单来说，我们先行动，再找理由来合理化我们的行为。

这就是为什么有时候房间里明明有一头大象，却很容易被我们忽视。因为它太大了。

这也说明了为什么我们经常会拖延和沉迷于当下，冲动行事，生活在今天和明天永无休止的张力中。我们会对所谓的精神入侵感到困惑，由于受控选择和本能选择的相互影响，它成了一个在我们大脑中作祟的恶魔。

心理学家韦格纳（Wegner）曾在实验室里做过一些研究，试图揭示这一思维陷阱。他让一些人“绝对不要去想白熊”。他们的大脑灰质会忠实地执行命令，但同时，大脑灰质也会不知不觉地将人的思维推向与自发冲动相反的方向，导致大脑系统失灵，恶作剧般地让他们对美丽的白熊念念不忘。这种邪恶又迷人的诱惑却使得人类艺术史上一些伟大的作品横空出世。你们去劝劝奥菲斯，千万别回头看欧律狄刻有没有跟上他，放心吧，这样做就是把她再次送回地狱的最好办法。

如果你问自己是否幸福，你便不再会感到幸福了。同理，如果周围全是关于气候变化的证据，你反而会对其视而不见。

大脑只是一个单间，而头脑却是一栋公寓，里面住着各种各样的房客，他们之间也不一定能和睦相处。2015 年的动画电影《头脑特工队》（*Inside Out*）用科学的方式精准地描述了我们头脑里的世界，影片中的小女孩莱莉（Riley）因为搬家而受到打击，她陷入了自我意识的混乱之中，不知道该如何处理内心冲突的各种情绪，这些情绪随之唤醒了一个恶魔。

培养审美情感判断力

面对全球变暖的危机，我们应该努力培养自己的审美情感判断力。

想象一下，你去卢浮宫大画廊、佛罗伦萨学院美术馆或是纽约现代艺术博物馆参观。漫步在展厅之间，《蒙娜丽莎》、米开朗琪罗的《大卫》、凡·高的《星夜》映入眼帘。你被深深地感动了，心里和嘴里忍不住冒出三个字：“真美啊！”

没错，这些作品的确很美。但为什么会觉得它们美呢？

大多数情况下，审美判断都是一种自发的直觉反应，很难受到受控选择的干预。但有时候，它也是顺应自然的。如果说自发性的大脑是经过数百万年进化形成的，而受控的大脑的发展历史相对较短，那么前者就比后者有更多的优势。

人们即使看到再多的数据和证据，也不会把冲动变成行动，反而会产生一种集体否认的心态。就像在一个大型的无意识倾听小组里一样，我们一边期待着有人站出来做点什么，一边抱怨着事情没有改变，为我们的不作为找些简单的借口。

乔纳森·海特是弗吉尼亚大学研究幸福问题的心理学专家，他结合柏拉图、佛陀和弗洛伊德的思想，提出了一个十分形象的比喻来形容人的大脑。在他看来，大脑中的混乱委员会主要由两位成员组成：一个是大象，代表情绪表达、边缘系统、条件反射和自发选择；另一个是骑象人，是大脑的新皮层部分，它负责语言表达和长期规划。

行为设计师、政策制定者和那些想要唤起人们对全球变暖关注的活动家，需要用最有效的方式规划路径，让大象和骑象人能够配合默契。

与《费德罗篇》中柏拉图的逻辑相悖，大象（或灰犀牛）体型庞大，骑象人很难控制疾走的大象，如果骑象人轻松地做到了这一点，他就拥有了话语权，这正是我们将在最后一章探讨的认知激励理论。

全球变暖的隐形是一种人类主动的消除，使我们不再关注数据、冲动地将注意力转移到情绪化解中。

艾莉亚·史塔克加入无面者组织时说："控制好你的脸，你就能撒谎。"但我们不应就此失去希望，毕竟正是年轻的艾莉亚最终成了夜王的终结者。

第七章

消极的陷阱

我们戏剧化现实的本能

最后几章中，我会提出或设想一些解决方案和激励行为，用不同的方式来呈现现实，做出行动，但在那之前，让我们最后一次走进这个无效的消极世界。需要阐明的是，我们讨论的不是乐观主义与悲观主义，而是微妙平衡中的“解构”（pars destruens）与“建构”（pars construens）（这四个概念之间存在着非常细微的区别）。

上一章介绍了“大象”的隐喻，指导人们如何在消极的情绪背景下摆脱全球变暖可能造成的影响。在本章，我们将进一步探索已故瑞典作家汉斯·罗斯林提出的消极本能的概念。

消极本能

罗斯林用有力的数据表明了人类在极度贫困、婴儿死亡率、水和能源的获取、可用于教育或娱乐的时间等方面取得的进步。

毋庸置疑，近几十年来，饥饿人数持续下降（就连极度贫困者的生活条件也有所改善），1—5 岁儿童的死亡率持续下降，各地的入学率都在快速增长，更多的人有时间来读书，比如读我写的这本书。

罗斯林在《事实》(*Factfulness*)[①] 一书中提到，数据疗法能让普通民众通过数据对正在发生的事情进行合理解读。书中展示了人类进步与多种变量之间的一系列关系曲线，为了便于你们阅读，我将它们进行了

① Rosling Hans, *Factfulness: dieci ragioni per cui non capiamo il mondo. E perché le cose vanno meglio di come pensiamo*, Rizzoli, Milano 2018.

简化。

用极其严格的术语来说，所有增函数（如人均拥有吉他数量）的函数图像都是上升的，而所有减函数（如合法化强迫劳动的国家数量，以及其他统计数据）的函数图像都是下降的。

现在请试着回答下面这个问题：

你更同意下列哪种说法？

（1）这个世界正在变好；

（2）这个世界正在变坏；

（3）这个世界既没变好也没变坏。

在你的脑海中横冲直撞的邪恶大象可能会勾起你选（2）的欲望。

“越糟越好”“我那个年代”“唉，今天的年轻人啊”“啊，什么时代，什么风气”（O tempora, o mores）。这样的陈词滥调都源自遥远而沉寂的过去，传达着同一种观点，即自古以来，很多人会怀念过去的美好时光。

伍迪·艾伦的喜剧片《午夜巴黎》便突出了这一叙事命题，片中将其称为“美好年代综合征”（Belle Époque syndrome）。影片主人公是一位美国作家，由欧文·威尔逊（Owen Wilson）饰演，他不满于现状，想要改变自己的生活。同妻子到巴黎度假时，神奇地穿越了时空，来到了20世纪20年代有着许多传奇人物的巴黎——弗朗西斯·斯科特·菲茨杰拉德（Francis Scott Fitzgerald）、泽尔达·塞尔（Zelda Sayre）、巴勃罗·毕加索（Pablo Picasso）、萨尔瓦多·达利（Salvador Dalì）、欧内斯特·海明威 (Ernest Hemingway)。在20世纪20年代，这位作家最终爱上了一位女子，却发现自己和她在一起后，仍会穿越时空，回到了亨利·德·图卢兹－罗特列克（Henri de Toulouse-Lautrec）、保罗·高更（Paul Gauguin）所在的波希米亚风格盛行的1890年的巴黎。他就这样不断地向前穿越，直到法国太阳王时代。

在无限倒退中，过去似乎终被神话的面纱所掩盖，其中的苦难和痛楚皆被抹净。

这就是汉斯·罗斯林在解释消极性陷阱时提到的一个要素——智人并不擅长记住过去发生的事情。丹尼尔·卡尼曼和其他实验心理学家在20世纪末和21世纪初开展过几次开创性的实验，证明了一个科学上公认的事实，即由于系统性地记忆错误，我们对一次经历的追溯性评估往往存在缺陷。①

卡尼曼还通过经验研究，探究了我们回忆过去发生的事情时的思维模式，并提出了峰终定律（peak-end rule）。

简而言之，根据这一定律，当我们结束一段体验时，会深刻地记住与之相关的情绪强度的高峰与结束。

---

① Tra gli altri lavori, Kahneman, *Evaluation by Moments, Past and Future*, in Kahneman e Amos Tversky, *Choices, Values and Frames*, Cambridge University Press, Cambridge 2000, p. 693.

假如你看了部电影，在两个小时的放映时间里，有许多不同的场景，持续时间长短不一，对于“你有多喜欢这部电影或电视剧？”这个问题，你该如何回答？

我们的答案将会是记忆汇总的结果。研究表明，我们似乎并不能很好地记住一次体验中的所有时刻，只能记住一些特别重要的时刻。这一结论显得有点自相矛盾，毕竟，我们对一次体验的评估不太会受体验持续时间长短的影响。假如我们能更准确地记住高峰和结束时的感觉，特别关注结束时刻对我们来说更为重要。从市场营销的角度来看，这也就说明了为什么我们会预付假期套餐的费用，如果旅行结束后我们最后想到的是结账，那么这一体验很可能会对总体评价产生负面影响。

既然智人记忆力不好，那么我们对过去无忧无虑的黄金时代的评价就不太可靠。没有其他原因，只是我们的大脑结构和设计使然。

因此，罗斯林认为，消极本能是一种与生俱来的倾向，它使我们把未来视为一件危险的东西。但是，这种倾向主要指的是过度自信和缺乏动力的乐观主义，与我们在前几章中了解到的思维陷阱和思维捷径不同。

潜在的负罪感

潜在的负罪感也有可能导致消极本能，因为当事情出了差错时，否定或肯定一些积极的方面似乎都是不公平且残酷的。我不会深入探讨责任原则，只想用一个简单的例子来说明潜在的负罪感这一概念。

想象一下，一场强烈的地震摧毁了一座城市，夺走了数千人的生命，造成了难以估量的损失。地震发生几个小时后，救援人员从废墟中救出了一个孩子，他在这场灾难中失去了家园和所有的亲人，生命垂危。他被紧急送往重症监护室，在生死线上苦苦挣扎，媒体也对他的遭遇进行了报道。由于伤势过重，他被截去了一条腿，经过一周的治疗后，他的病情有所好转，医生宣布他已经脱离了生命危险。

现在，如果有一个人完全不知道发生了什么事情，也没有听说过任何关于地震、孩子失去亲人后奇迹般地幸存下来的消息，突然闯进他的病房，会发生什么呢？

这个人看到的将是一个身受重伤、缺少一条腿的小孩。

如果没有任何背景信息，这将是一个令人心碎的场景。

然而，进一步了解了具体情况和相关数据后，孩子虽然仍处境艰难，事情却有了好转的迹象。

即使某些方面有了好转的迹象，但形势仍然可能非常严峻和危险，这就是问题的关键所在。

然而，在我看来，这种消极本能并不是智人天生的悲观主义所致。相反，作为社会动物，我们对自己身边发生的事情往往持乐观态度。

本土和全球层面之间存在的信息差或许可以说明这种不一致性。我对身边发生的事情更了解，而当其影响范围扩大时，我不得不从与日常生活相距甚远的渠道来获取信息。

但这还不够，要想使我们前几章提到的几种思维模式逻辑自洽，不与消极场景对我们的吸引力相矛盾，还有一个最重要的因素需要考虑。事实上，我们搜索和处理信息的方式，会不可避免地与我们利用现实的经验性证据形成的认知（不一定是正确认知）相悖。这就意味着，无论是在纸质媒体还是在社交媒体上，新闻的生产与消费方式都不利于我们有意识地获取具有统计学意义的信息。比如我们会忽视在过去40年里，全球的极度贫困率已经大幅下降这样的事实。负面的、在复杂系统中突发的新闻更容易引起我们的注意，出现得也会更频繁，而正面的新闻或长期趋势则几乎被忽视。

如果我让你想象一下，某天有一件不可思议的好事会发生在你身上，也许你会想到中了一大笔彩票，或者是得到了一份理想的工作或升职的机会，抑或是一次孕检阳性，宣告着家庭新成员的到来。这些都是很容易直观地感受到的幸福时刻，但与突然遭遇的少数负面事件相比，这些幸福时刻在我们的感知中便显得不那么有存在感了。

一场事故

一次疾病诊断

一起盗窃案

一场激烈的争执

伴侣的出轨

一张罚单

一封解雇信

这些事件就像《安魂曲——震怒之日》中的音符

一样重重地落在五线谱上，而正面事件的音符与音符之间却隔着一个漫长的四分休止符。

这并不是说我们天生就是悲观的，恰恰相反，在媒体世界里，新闻之所以能成为新闻，是因为它能给人带来冲击。而能给人带来这种体验的主要是负面事件，比如恐怖袭击，或者造成数十人或数百人死亡的洪灾。

在这种情况下，新闻记者在挑选新闻时，会选择那些能立刻给读者带来震撼的事件，读者也不会花时间去深入了解，而是会立马在自己的社交圈里转发，放大震惊效应。大多数时候，这些事件都是灾难或负面消息。

消除全世界极度贫困的消息可能会在某个时刻成为新闻，但近几十年来极度贫困人口数量减少了一半的事实在今天是新闻，明天就不一定是新闻了。1000天后，当一份新的报告显示极度贫困人口数量不再呈下降趋势时，它可能又会成为新闻。

地震、神风特攻队的袭击、火灾或陨石都是突发事件。

一个消息成为新闻的频率也与负面现象有关。比如，在新闻里从来看不到有影响力的人跟我们说每天有多少人死于吸烟。

人人都知道吸烟有致命的危害，香烟盒上也这么写着，我们也知道很多人是烟草的受害者。根据世界卫生组织的数据显示，2007 年有 500 万人因吸烟而死。这就意味着每天有 1.4 万人死亡，一周有 9.7 万人死亡，比任何一次爆炸袭击或地震造成的伤亡都要惨重。

但是，吸烟导致的死亡并不是每天的新闻，甚至根本不是新闻，所以我们的思维便逐渐麻木。吸烟会让人缓慢地死去，却不是那么显眼，很难引起我们的关注，因为它不是媒体报道的焦点。人们通过深入的研究和学习才发现这一事实，进而更清楚地意识到问题或现象的严重性。

信息的生产和处理方式不应该让我们产生一种盲

目乐观的心态，去分享正面的新闻来掩盖负面的新闻，用安慰性的对称来建立一个与事实相符的平衡关系是行不通的。

“数据看世界”（Our World in Data）[①] 项目创始人马克斯·罗瑟（Max Roser）提出过一个很有意思的观点。罗瑟并不主张不读报纸，而是提出了一个决定性的、具有建设意义的解决方案。

如果新闻的生产和消费的频率造成了人们对现实的曲解，那么人们可能会觉得新闻业毫无用处，或者新闻至少失去了重要性。“黑天鹅”隐喻的提出者纳西姆·塔勒布写道，一个让我们不再看报纸的一个好办法是暂时只看一周前的报纸，这样就能意识到一些新闻的错误和无关紧要。

但这种建议真的有用吗？

还是那句话，我们并不是天生就对未来持有消极

① 参见 www.ourworldindata.org。

的预期，我们的态度与我们获取信息的方式有关。

因此，我有一个保持心理健康的建议，设想你是一家报纸的编辑，这份报纸每隔 50 年才出版一期。

是的，每 50 年才出一期的报纸。

第一期是在 1961 年 1 月 1 日。

第二期是在 2021 年 1 月 1 日。

头条新闻会是什么？

“疫情让世界陷入长达一年的困境。”

“过去 50 年，人类排放的二氧化碳增加了一倍多。”

全是坏消息。

还有什么新闻值得上头版呢？也许“极度贫困人口的大幅减少”可以占个专栏，“大众传媒的普及”和“互联网的发展”也可以占个专栏。“人类登上了月球”“冷战在没有核战争的情况下结束”“共产主义政权崩溃”，我们会不会把这些也放头版呢？

用一个比 50 年更长远的视角来看世界，我们便能跳出生活的旋涡，重新感知那些被遗忘、被忽略的变化趋势缓慢的事件。

消极本能可以被克服，就像冲浪者在享受了冲浪的乐趣后，摇身一变成为潜水员，潜入深海，探索海洋的奥秘。我们之前提到的回忆偏差，与我们只关注某个瞬间而不是整个经历的习惯别无二致。

数学中会用到一阶导数和积分这两个概念，一阶导数表示函数在某点附近的变化率，而积分则表示函数曲线下的面积（见图 7.1 和图 7.2）。

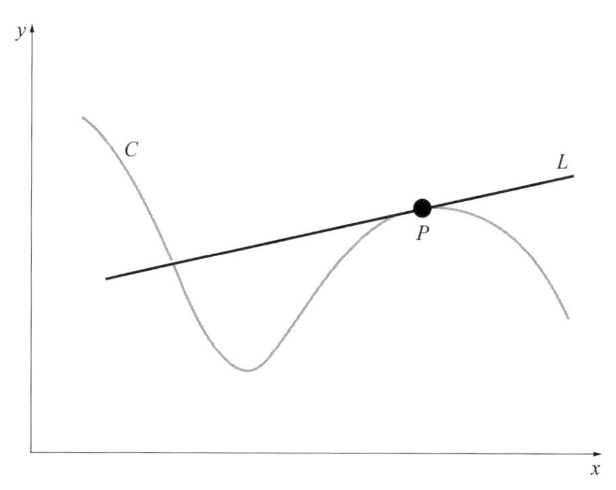

注：导数是函数的增量与自变量的增量之比在自变量增量趋于零时的极限。导数是驾驭函数曲线海浪的冲浪者。

图 7.1　一阶导数

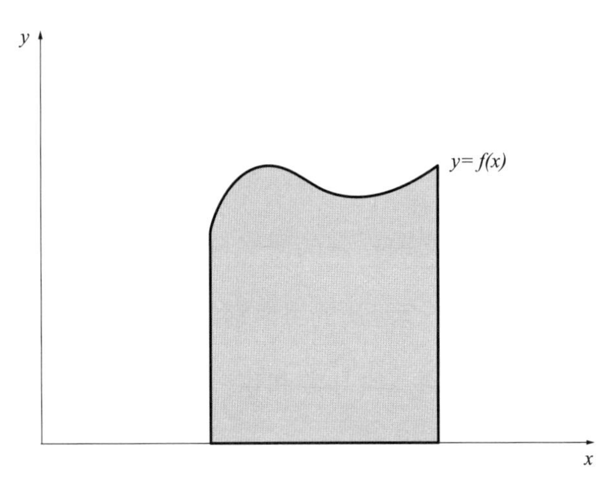

注：函数的积分是计算曲线下的面积。这是探索深海的潜水员。

图 7.2　积分

然而我们在反思全球变暖问题时，会发现自己立刻陷入了一个认知误区。我们并不是从不谈论气候变化或温室效应，也不会执着地将其看作一场不可避免的悲剧，被迫去想象一个没有人类的地球的未来。

我们听到的关于全球变暖的消息，还有其他变化缓慢的现象，不过是冲浪者掀起的一点浪花，微乎其微。如国际谈判会议：联合国峰会或缔约方大会；活动主义者的示威游行；加州或其他地方的一场灾难性的大火。

这些新闻没有以更宽广的视角去分析事件的背景，只能引起我们短暂的关注，长远的视角才是制定有意义的行动方案的必要条件。

第八章

积极沟通

如何找到合适的词来界定
一个问题

我们在海上边吃边喝、边聊天。这时，庞大固埃突然站起来，四处张望，然后对我们说：“伙计们，你们有没有听到什么？我好像听到半空中有人说话，可是却看不见人。你们仔细听听！”我们照他说的，都竖起耳朵，像牡蛎张开壳吸气那样，细心地聆听有没有什么声音，而且为了不错过一点儿声音，有几个人用罗马皇帝安东尼乌斯的方法用手掌捂住耳朵后面。可是我们还是什么也没听到。庞大固埃仍坚持说他听到空中有男女说话的声音。见他这样说，我们好像也听到了声音，也可能是我们的耳朵在嗡嗡作响。可是越是留心听，就越是听得清楚，最后竟听出了完整的句子。这让我们感到惊恐万分，因为什么也看不到，只能听到各种不同的声音，有男人的、有女人的、有小孩的、有马匹的。巴奴日疯了似的大叫起来。

“天啊！这是什么鬼事？”他惊呼，“我们要完蛋了。快点逃命吧！我们被包围了。约翰修士，我的朋友，你还在这里吗？我求你别离开我！你的短刀带好了吗？摸摸看还在不在刀鞘里！你从来不把它磨快！我们要死定了！你们听，老天爷啊！那是大炮的声音啊！快点跑吧！”

领航员说道：“殿下，莫慌！这里是冰海的边缘，去年初冬，阿里斯马比亚人和奈弗里巴特人曾在此地激烈地交战过。男女的呼喊声、兵器的碰撞声、甲胄的撞击声、马鞍相互摩擦的声音、马匹的嘶鸣声，还有战场上其他所有的混乱声音，都被空气冻住了。现在严冬已过，天气晴朗，开始回暖，声音便从冰层中融化出来，又被人听到了。”

“天哪！”巴奴日惊叫道，“确实如此。可我们能不能看到这些声音呢？我记得在书里读到过，摩西在山上领受犹太人法律时，百姓也是能看到雷电等声音的。”

“快看，快看！”庞大固埃说道，“这些就是还没融化的声音。”

他抓起一大把冻住的语言扔到船甲板上，像是五彩缤纷的小糖果。

我们看到有红色的，有绿色的，有蓝色的，有黑色的，有金色的；这些语言一碰到我们温热的手掌，便像雪一样化开了，我们的确能听见它们的声音，可是听不懂，因为是很奇怪的外国话。只有一个比较大的“小糖果”，约翰修士将它捧在热乎乎的掌心，它突然啪的一声炸开了，就像没剥皮的栗子被扔在火上突然爆开那样，把我们吓了一大跳。

本章以弗朗索瓦·拉伯雷（Francois Rabelais）的《巨人传》[1]中富有叙事意义及警示意义的“冰冻的语

① François Rabelais, *Gargantua e Pantagruele*, Rizzoli, Milano 1984.

言”情节为引子，着重探讨如何恰当地运用语言和数字，特别是在涉及气候变化这样一个敏感话题时。

我不知道我的解读是否合乎作者的本意，但我一直觉得，语言有了自己的躯体，脱离了说话者的思想，这样的想法十分精彩，一针见血。语言在冰海里冬眠，或将濒死，然后在春天复活，发出阴森和痛苦的声音，与最初诞生时的语境和意义有了较大的出入。

新闻记者和政府都在寻求最佳的方式来传播气候变化的问题。一般而言，语言只是一个背景因素，同其他因素一起影响人们的行为和行动。

卡尼曼和特沃斯基对思维陷阱的研究主要围绕框架效应（framing）[①] 这一主题展开。

假如你身处以下场景：

美国正准备应对一种从亚洲传入的疾病，该疾病

① Tversky e Kahneman, The Framing of Decisions and the Psychology of Choice, in *Science*, 1981, vol. 211, No. 4481, pp. 453–458.

非常严重，可能导致600人死亡。为应对这一事件，相关人士提出了两种可选的应对方案。科学家估计，这两种方案的后果如下：

（1）采用方案A，将有200人获救。

（2）采用方案B，有1/3的概率600人全部获救，有2/3的概率无人获救。

你会怎么选择？

接下来，假设情况不变，但选择方案有如下变化：

（1）采用方案C，会导致400人死亡。

（2）采用方案D，有1/3的可能性无人死亡，有2/3的可能性600人全部死亡。

这次你又会怎么选呢？

卡尼曼和特沃斯基1981年开展的第一个实验表明，在第一种情况下，大多数受试者选择了方案A，而在第二种情况下，方案D占了上风。

其实停下来重新审视这几个选项，我们就会发现这两个情境中的选项本质上是一样的。唯一不同的是背景框架。在第一个情境中，强调的是挽救生命；而在第二个情境中，强调的是损失性的死亡。

从进化心理学的角度来看，智人对损失有更强烈的反应。如果生存是我们的本能，就像早期狩猎采集者那样，那么自卫比收集物资更重要。因此，人们对任何风险都会有排斥感。

即使经过了数百万年，在现实生活中，市场营销仍然广泛利用框架效应来介绍产品特点。我们一般不会关注一款奶酪的脂肪含量，而是关注它的不含脂肪百分比，来满足我们对健康食品的期待。

文学作品《汤姆·索亚历险记》中，有一个有趣的情节体现了语境的影响。故事中，顽皮的汤姆因为恶作剧受到惩罚，他的朋友都在河边洗澡，波莉姨妈却罚他用一个下午的时间把房子的栅栏粉刷一遍。汤姆不情愿地开始工作，一个同学过来嘲笑他，但汤姆巧舌如簧，把惩罚美化成奖励，让他的同学产生了想要替他粉刷栅栏的强烈欲望。汤姆非常擅长为实际情况设置框架，最终他的朋友用一个苹果实现了自己的愿望——帮汤姆粉刷栅栏。这样一来，原本的惩罚变成求之不得的美差，村里其他小伙伴也纷纷拿出礼物，争着要参与这项工作。

如果你觉得汤姆·索亚的故事太过老套，那我再来说一部许多人熟悉的电视剧《老友记》。剧中有两个主要角色——莫妮卡·盖勒（Monica Geller）和瑞秋·格林（Rachel Green），她们住在一起。莫妮卡痴迷于维持房间的整洁和干净，瑞秋则粗枝大叶，不拘小节。片中，瑞秋要搬出去住，于是莫妮卡问她搬家进展如何。瑞秋那时连衣服和鞋子都还没开始收拾。注意，她接下来的回答就体现了框架效应：

“想不到吧！”她对莫妮卡说，“我知道你非常喜欢打扫和整理，所以我想让你来做，就当是你为我准备的临别礼物。”

莫妮卡非常高兴，对瑞秋表示感谢："我正好还没想好送你什么呢！"

这些都是文学作品和电视剧中的情节。总体来说，语言是一种工具，我们可以用它来塑造所处的语境，并构建论点来说服与我们对话的人。那些擅长运用语言来让别人接受某个想法的人往往会有更大优势，这绝非偶然。

那么，在气候问题上，我们应该如何谨慎使用语言呢？

多年前，英国著名刊物《卫报》（*The Guardian*）[①]在一篇文章中宣布要改变其对环境问题报道时使用的新闻语言。《联合国气候变化框架公约》网站也有许多页面介绍了这一主题。[②]比如，有人建议停止使用"气候变化"（climate change）一词，改用"全球变暖"

---

① www.theguardian.com.

② 对该主题的介绍详见此链接文章：https://unfccc.int/sites/default/files/resource/Communicating%20climate%20change_Insights%20from%20CDKNs%20experience.pdf。

（global warming）或“全球热化”（global heating）。

为什么呢?

因为气候变化只是物理气候学中的一个概念，并没有明确指出问题的根源所在——人类排放的大气污染物。虽然“气候变化”从科学角度来说并没有不准确之处，但它听起来过于中性化。

为了刺激我们的情绪，唤醒脑中的大象，有人建议用“气候危机”或“气候紧急状况”（climate crisis）等词来描述气候变化问题，以突显其紧迫性。《自然》杂志也在一篇文章中讨论了全球变暖的问题，重点指出了科学传播中存在的“怀疑”现象[①]。科学本身就有结构不确定性，但有时候，传播没有经验证据支持的信息来制造怀疑，可能会对公众造成负面影响。

那么，我们该如何应对那些伪装成科学的不准确内容呢?

---

① Cecília Tomori, Scientists: don’t Feed the Doubt Machine, in *Nature*, 2021, vol. 599, No. 9.

有人创造了一个英文词汇“agnotology”（比较无知学）来指代一门新兴学科，它主要以无知为研究对象。需要注意的是，无知所导致的混乱并非源于不准确的科学数据。

我们应耐心地教导人们如何准确地沟通，而不是像我们在书中提到的那样，错误地依赖过期无效数据，要介绍现有的数据，包括它们的误差范围和所采用的数字模型的假设，还要查询期刊在学术界的影响因子，检验数据来源的可信度和权威性。不要将反科学内容困在回声室[①]里，这不是限制言论自由，而是为了加强公共责任意识。之前我们也说过，消息平台的结构性目标是放大和集中讨论不同观点之间的冲突性。

科学家们应该思考，他们所展示的数据和得出的结论想要支持什么论点？这些数据和结论会如何影响

① “回声室”用于形容在网络空间中，人们由于经常接触相对同质化的信息，倾向于将其当作真理，从而使自己的眼界、理解变窄，将自己封闭在一个封闭的回声室中。——译者注

公众的看法？它们的使用可能会对哪些政策决策产生影响？

当智者伸出手指指着月亮时[①]，愚者却只看到那些以“科学告诉我们”开头的文章。就像被激光笔吸引的猫一样，我们本能地追逐某些内容，暂时选择相信，不愿花更多的精力去探寻事实的真相。因此，科学家和记者都有责任谨慎选择用词。

到2100年，预计平均气温会匀速升高1.5℃或2℃，但我们对此却毫不在意。气候变化是一个缓慢的过程，我们在上一章已经了解了这一点。

如果你在一个37℃的浴缸里泡澡，10年后水温升高0.2℃，你可能都感觉不到这一变化。

温度升高的数据虽然是正确的，也准确地传达了信息，但你却无法直观地感受到它，它也无法引起你的关注。不知何故，它并没有触动你的心弦。与我们

① 该典故出自佛经“当智者伸出手指指向月亮时，愚者却朝着智者的手指望去”。——译者注

或与你个人无关的事情，在地球的尺度上，情况就不一样了。我们在浴缸中做出决策，气候在浴缸中展现它的非线性后果，但这一切都与浴缸本身无关。

对于单个的智人来说，气温的升高是难以察觉的，但对于整个物种来说，气温升高的后果却可能是致命的。因此，我们必须找到一种方法，放大人们对气温升高的感知。

如果可能的话，我们要怎样改变行为惯性呢？

如何有效地传递社会规范，让它成为一种习惯，是行为科学家们长期研究的课题。罗伯特·西奥迪尼（Robert Cialdini）就是这方面的著名学者。他和心理学家科特·戈德斯坦（Kurt Goldstein）在 2008 年发表在《消费者研究杂志》（*Journal of Consumer Research*）[①] 上的一篇论文，为利用描述性规范促进良好行为树立了

---

① Noah J. Goldstein, Robert B. Cialdini, Vladas Griskevicius, A Room with a Viewpoint: Using Social Norms to Motivate Environmental Conservation in Hotels, in *Journal of Consumer Research*, 2008, vol. 35.

典范。有节约水资源意识的读者，可能很容易想到酒店客房里的毛巾重复使用问题，西奥迪尼开展的实验便与这一主题有关。实验结果表明，如果只是酒店告诉客人重复使用毛巾“有助于环保”，只有 35% 的客人会选择重复使用毛巾。如果在留言里附上一句话，表明大部分酒店客人选择重复使用毛巾，那么这个比例会提高至 44%。如果再进一步强调，同一个房间里的大部分客人以前选择重复使用毛巾，那么这个比例最终会达到 49%。

我们是简单的哺乳动物，社会模仿似乎是促使我们采取行动的一个重要因素。如果在我们的参照群体中有一种行为占据了主导地位，我们就很可能去模仿。

关于全球变暖，桑德·范·德·林登（Sander van der Linden）在 2019 年的一项研究中[①]，测试了正确传达科学共识对于某一问题的影响。他对 6000 名美国人进行

① Linden, Perceived Social Consensus can Reduce Ideological Biases on Climate Change, in *Environment and Behavior*, marzo 2019.

了抽样调查，发现如果将全球变暖作为学术界普遍认同的科学事实来宣传，会对受试者的信念和决策产生积极的效果。

当然，我们也不能一概而论地把研究结果套用到其他情况，这样做可能有风险，甚至是错误的。比如林登的研究在德国得出的结论便截然不同。[①]

不过，传播信息的性质和传播科学信息的方式的确非常重要。有可能的话，我们应该根据上下文来调整用词和语言。简单来说，一种是对环境问题知之甚少的美国公众；另一种是平均而言对全球变暖更加敏感的欧洲公众。然而，无论是哪种人群，选择合适的沟通方式都是防止语言冰冻的关键。

---

① Robin Tschötschel et al., Climate Change Policy Support, Intended Behaviour Change, and their Drivers Largely Unaffected by Consensus Messages in Germany, in *Journal of Environmental Psychology*, agosto 2021, vol. 76.

解密全球变暖数字

“这款产品让我们的二氧化碳排放量减少了12000吨。”

“意大利人均二氧化碳年排放量为5吨。”

千兆吨、颗粒百分含量、减排百分比。

数字和数据组成了气候世界。同样组成这一世界的还有数字语言，我们如何用正确的心态去相信、理解、想象数字语言至关重要。

前面提到关于气温上升的例子，即使数据是精确无误的，信息也是正确的，只通过平均气温上升的观测数据来传播全球变暖的信息，仍可能效果不佳。

但是，当我们面对数字时，尤其是那些非常小或非常大的数字时，恐惧往往会使我们下意识地将它们拒之门外。

我们从小就被教育，不要相信陌生人。因此，我们需要学习一些规则，即使我们没有高深的数学技能或专业知识，遇到一个突然闯入我们安静的定性世界的数字时，也能应对自如。

说到底，我们讨论问题的核心是，我们是否能回答这样的问题：这个数字大吗？它和其他数字相比如何？

南非数学家安德鲁·埃利奥特（Andrew Elliot）写过一本书[①]，教读者如何在没有专业知识的情况下，通过一些简单的规则来提高对数字的感知能力。比如，记住一些参照物是很有帮助的。这听起来可能很傻，但你有没有在一个陌生的城市里迷过路？对于有些人来说，迷路也许是一种美好的体验，但经历过的人都知道，走在大街上，一些标志性建筑会成为你的救星。所以，如果你在佛罗伦萨漫步，布鲁内莱斯基穹顶、维奇奥宫的塔楼或是阿诺河，都能让你找到方向。

---

① Andrew Elliot., *È grande questo numero? Per capire quando un numero ci deve spaventare o entusiasmare*, Raffaello Cortina Editore, Milano 2021.

记住一些数字也能起到类似的作用。

关于全球变暖问题，我们不妨记住这样一个基准数字，最近几年里，全世界每年排放的二氧化碳约为500亿吨。

数字就像是我们可以进行比较或定位我们感知的标志性塔楼一样，测量的目的总是把事物置于正确的空间里。

还有一些基本数字需要记住，比如二氧化碳的平均浓度（大气中每百万个空气颗粒中二氧化碳微粒数），这一数字现在大约是415，虽然我们不一定清楚它们具体表示什么，但直觉上，如果这个浓度能降低就好了。

最后，请注意，全球平均每吨二氧化碳的售价约为2美元。

就像手帕上的三个结一样[①]，先把这些数字记下来，

① 波罗的海的水手们出海前总会在一块手帕上打三个结，每个结都有特殊的含义。第一个结代表着顺风顺水，第二个结代表着平安渡过暴风雨，第三个结代表着风平浪静。——译者注

再试着向前走。

500亿吨二氧化碳，哇，这个数字太大了！

但你知道10亿有多大吗？

对此，一个非常有用的技巧是分而治之（divide et impera）。让我们来做一个关于数量级的有趣练习，先在脑海中想象出一只蚂蚁、一辆大众甲壳虫汽车、中央公园和澳大利亚。

一只蚂蚁的长度约4毫米。让我们把尺度放大一个数量级，也就是乘以1000。我们要找一个比蚂蚁长1000倍的东西，没错，就是传说中的大众甲壳虫，甲壳虫汽车的长度约为4米。

再来做一次这个练习，找一个比甲壳虫长1000倍的东西（也就是10的6次方，相当于一只蚂蚁身长的100万倍）。纽约中央公园的边长大概有4000米，想象一下，如果有上千辆甲壳虫并排停在那里，会有多长。

最后，我们再将数字放大1000倍，中央公园边长的1000倍是多长？澳大利亚从东到西的海岸线长度差不多就是这个数量级,4000米乘以1000，也就是4000千米。

1000个中央公园、100万辆甲壳虫或者10亿只勤劳的小蚂蚁。

500亿吨二氧化碳塔楼初具雏形。

为了更好地理解这个数字，我们可以用比率和比例来分析如何减少排放量以及从哪些方面着手。你知道交通运输业、建筑业和食品业分别会产生多少二氧化碳排放量吗?

我一般用不同颜色的乐高积木来模拟搭建二氧化碳排放塔楼。51块积木每块代表10亿吨二氧化碳。27块是发电所需能源的排放量。31块是商品、服务和材料生产的排放量，比如搭建住宅需要的钢筋和混凝土。19块是农业和畜牧业，以及对食物加工过程中的排放量。16块是交通运输的排放量。7块是室内供暖的二氧化碳排放量。

到2050年，欧洲的二氧化碳排放塔楼积木数应该为零。也就是说，二氧化碳的排放量和吸收量必须正负抵消，达到平衡。

这无疑是个巨大的挑战，但为了避免我们的注意力被冻结，我们必须清楚地认识这一挑战。

最后一个关键问题是如何可视化二氧化碳，这看不见、摸不着的可恶气体神出鬼没、行踪无定。网上有一些平面设计项目可以帮助我们直观地感受到全球变暖的影响。

比如，美国国家航空航天局（Nasa）[①] 的官方网站上有许多介绍这一主题的内容，你们可以自行上网查看。再回到上文提到的中央公园，1000 兆吨（也就是 10 亿吨）相当于一个 340 米高的巨型冰块，就像一座摩天大楼，耸立在公园绿地中间。

那么 500 亿吨呢？

如果愚者还在盯着智者的手指看，现在他可以抬头看看月亮，想象一下，500 亿吨相当于整个月球表面

---

① Nasa, Visualizing the Quantities of Climate Change, https://climate.nasa.gov/news/2933/visualizing-the-quantities-of-climate-change/.

覆盖了一层 1.5 米厚的冰层。

在这部分的结尾，让我们试着把开头提到的一个数字同我们个人联系起来。请回答这个问题：1 吨二氧化碳是什么概念？

几年前，气候保护联盟（Alliance for Climate Protection）制作了一段视频，使用一个非常形象的比喻——大象。一头大象平均重 5 吨。意大利有 6000 万人口。把这些信息结合起来，你们知道我们会得出什么结论吗？一个意大利人每年产生的二氧化碳相当于 1 头大象的重量。

你们的情绪可能还没有被调动起来，但很可能已经开始关注我说的这些内容了。

信任与沟通

大家有没有想过，在我们日常生活中，信任有多么重要？

你通过银行转账支付房租，相信银行会把钱准确无误地转给房东，房东也相信你会履行租房合同，按时按量地付款。

你的汽车出了故障，于是去找修车师傅，相信他会尽快帮你解决问题。当然，如果你对他不太放心，你也可以找几个专业人士来帮你估价，以减少不确定性。想想看，在这种情况下，信任度的降低只是给市场交易增加了一点障碍而已。

信任对信息的正确传递、对全球紧急情况的处理，以及最终对我们的自由生活来说，都是一个基本要素。

我们在生活中越来越多地通过社交网络进行互动，总会面临一个基本问题：在照片墙（Instagram）时代，我们如何看待社交互动中的信任？

为了回答这一问题，我们借鉴了一篇发表在著名《经济行为与组织》（*Journal of Economic Behaviour and Organization*）期刊上的优秀科学研究论文的研究成果，项目意大利研究团队成员包括安杰洛·安托西（Angelo Antoci）、劳拉·博内利（Laura Bonelli）、法比奥·帕格里耶里（Fabio Paglieri）、托马索·雷贾尼（Tommaso Reggiani）和法比奥·萨巴蒂尼（Fabio Sabatini）。[①]

这是一项实验研究，采用了临床试验的方法来测试药物的效果。该如何进行一项社会科学实验？首先要确定研究假设，然后在实验对象中随机抽取一部分，在某种特定条件下对他们进行测试，并将测试结果与另一组实验对象进行对比，这组实验对象构成对照组，其日常行为环境基本与另一组保持一致。

该研究想要探究人们在社交媒体上的互动方式是否会影响他们的信任倾向。研究假设是，在使用社交媒体时频繁接触暴力言辞、粗鲁评论和仇恨言论。

一组受试者被邀请到实验室，阅读一些用攻击性语言写的评论贴（意大利媒体在其脸书主页上发布的真实新闻下方的评论）。内容涉及少数群体、阴谋论或

① Angelo Antoci, Laura Bonelli, Fabio Paglieri, Tommaso Reggiani e Fabio Sabatini, Civility and Trust in Social Media, in *Journal of Economic Behavior & Organization*, 2019, vol. 160, issue C, pp. 83–99.

其他相关话题。

第二组与前组相反，受试者看到的是同样的新闻，但有心理学家和语言学家亲自把关，只挑选了言辞友善、有建设性的、礼貌的评论。

最后一组受试者处于中性语言环境，没有和其他脸书用户发生任何互动。

看完新闻后，三组受试者都参加了一个称为“信任游戏”（trust game）的游戏。

实验者会给一个人一定数目的钱，比如 10 欧元。收到钱的人必须决定匿名给另一个人多少钱，而另一个人会收到这笔钱的 3 倍，并可以随意将其中任意金额返还给第一个人。

交换的金额反映了参与交换的两个人之间的信任程度。

研究结果表明，第一组，也就是接触到暴力和粗鲁语言的那一组，在信任游戏中的表现和接触到中性环境的那一组相似。

这也不难理解，如果我们将仇恨言论看作是一种社会初始条件，也就是现实生活中会遇到的情况。那么如果日常环境没有变化，人们的相互交往行为也不会发生任何改变。

但是，更有意思也更让人有些欣慰的是，第二组受试者，也就是看到了积极和友好评论的受试者，他们明显表现出了更高的信任度。

在这种实验条件下，他们在信任游戏中赠予和回报的钱也明显更多。

我们能从这个研究中得出什么结论呢？记住，把实验室中得出的结果推广到现实总有管中窥豹之嫌，但是这项研究似乎给我们提供了一些有益的启示：只依靠制裁机制来惩罚偏差行为绝非最佳策略。

通过对社交平台进行行为设计、鼓励甚至引导以建设性交流为目标的沟通，奖励正向行为的方法可能会更有效。

我们生活在一个以惩罚性法律为基础的社会中，

继承了切萨雷·贝卡利亚（Cesare Beccaria）[①] 于1764年出版的《论犯罪与刑罚》一书中的思想。然而，很少有人知道或记得，《论犯罪与刑罚》出版两年后，贾辛托·德拉戈奈蒂（Giacinto Dragonetti）撰写的《论美德与奖赏》[②] 问世，其灵感正是源于对美德行为进行奖赏的理念。

惩罚违反规则的行为是维持秩序的唯一方法吗？难道不需要对遵守规则的行为进行强化吗？

如果采用奖赏性法律，整个社会系统的信任度会提高，人与人之间的良性互动也会增加。这种良性互动将促进社会进步与经济发展，加强人们对环境可持续性的认识。

无须华丽的辞藻，我们应该认识到作为智人的终极意义，地球毁灭前，我们都在同一艘船上。

---

① 意大利经济学家、法理学家，代表性著作为《论犯罪与刑罚》。——译者注

② Giacinto Dragonetti, *Delle virtù e de' premi*, Vita e Pensiero, Milano 2018.

第九章

助推

促使我们做出更好决策的
激励行为

图 9.1 是行为设计学中的一个里程碑，既体现了这一学科的发展潜力，也暴露了忽视循证医学方法的危险性。柱状图显示了欧盟主要国家公民器官捐献率。

图中可以看出两种截然不同的行为模式。荷兰和比利时互为邻国，是什么造成了两国公民对器官捐献大相径庭的态度呢？或者，为什么莫扎特的故乡奥地利如此利他，而贝多芬的家乡德国的公民器官捐献率却远低于奥地利？是什么造成了这种差异呢？

答案就藏在一个神奇的词里——“助推”（nudge）。

该词在意大利语中没有准确的对应词，最接近词意的应该是“推动”（spintarella）一词。从文化人类学考虑，最好还是用其他语言来解释它的含义。英语词典对于词条“to nudge”的解释是：用手肘轻推，以引起对方的注意。轻轻戳，促使他人行动。

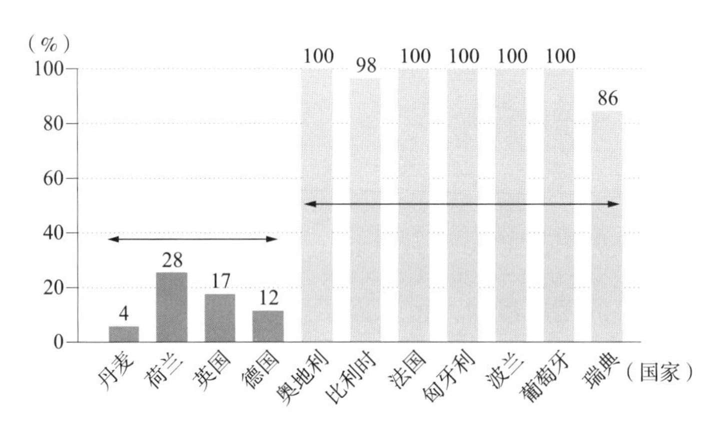

图 9.1　欧盟主要国家公民器官捐献率

资料来源：丹·艾瑞里（Dan Ariely），《怪诞行为学》。

《助推》[①] 是 2017 诺贝尔经济学奖得主理查德·塞勒（Richard Thaler）与卡斯·桑斯坦（Cass Sunstein）合著的一本畅销书，其副书名为“如何做出有关健康、财富与幸福的最佳决策”，足以可见作者对助推的积极

① Sunstein e Richard H. Thaler, *Nudge: the Final Edition*, Penguin Books, London 2021.

作用有十足的信心。用作者的话来说：

> 助推是选择架构中的任一方面，它不强制人们做出某种选择，也不改变他们的经济动机及行为，而是通过可预见的方式去改变他们的选择。助推是一种简单、经济实惠的方法，可以避免副作用。助推不同于命令。将水果放在与人们视线齐平的地方是助推（为了吸引顾客的注意，让他们更有可能选择该产品），而禁止销售垃圾食品不是助推。

“选择架构”是一种有效的表达方式。

经济学是一门研究人们在不确定情况下如何做决策的科学或学科。助推是一种生态学思维方法，因为我们生活在一个充满各种冲动的世界，我们的大脑会用一些启发式的方法或思维捷径来寻找解决方案，但这些方法并不总是最优解。

我们所有的决策都会受到环境的影响，前面几章已经深入地探讨了智人的这一特征。

可以想象一下天气是如何直接影响我们的心情，从而导致选择不同于平时的交通工具去上班。这个初始决定可能会让我们有机会在火车上看书，或是享受舒适的交通工具，抑或是在高峰期挤在地铁里。如果我们骑自行车或者乘坐更环保的交通工具出行，而不是开车被堵在路上向空气中排放二氧化碳，那么我们是否就在无意中为更清洁的环境做出了贡献呢？总之，一个简单的不同的初始决策，与后续的所有其他决策紧密相连，会对我们的主观幸福感和生活质量、工作效率、环境保护、文化和社会资本以及交通效率等方面产生重大影响。

外部环境只是影响我们决策的众多环境变量之一，还有社会比较、情绪、社会规范以及突发新闻等临时因素在发挥着作用。

如果读者们深感这种责任的重量压在你们的心头，好心情荡然无存，不要担心，助推可以帮到我们，当然，我不保证它能创造奇迹，但一定会让我们的生活更轻松。

各种因素交织在一起，形成旋涡，挑战着我们的日常习惯。但智人大脑的这种设计恰恰是为了不让自己被巴别塔式的信息淹没，从而快速、自发地做出决策。因此，一个好的选择架构师就是能够以适合我们日常生活的方式来设计我们思维环境的人。就像一位自信的优秀室内装饰设计师一样，选择架构师经常要说服我们相信一些乍看与我们品味相去甚远、不受我们喜爱的解决方案。

公共决策者其实已经采取过一系列试图改变个人行为的措施，比如消费税，尤其是烟酒消费税，对奶酪的脂肪含量征税或提高一包香烟的价格。征收消费税的目的之一，就是通过劝阻或鼓励的方式，改变那些必须支付消费税的人的行为。

所谓助推，便是在不使用金钱的情况下使用激励手段。

古希腊人曾用“智商税”（blakennòmion）一词，形容占星师从向他们寻求建议的愚人身上赚取的钱。

从积极的方面来看，认知激励可以成为一种有用的工具，帮助我们发现最初没有注意到的数据或背景因素，使我们避免错误或减少损失。

征收环境保护税也是一种减少环境污染的措施。例如，欧盟排放交易体系（Emission Trading Scheme）建立了一个真正允许排放二氧化碳的市场，其目的是通过供求机制调节欧洲工业部门的污染物排放。

碳税（carbon tax）试图提高不可持续能源的价格，同样是为了激励人们使用更清洁的能源。

货币激励理念是正统经济学的基础。然而，行为经济学和助推理论表明，这并不总是唯一的选择。

电影《黑客帝国》中，当基努·里维斯（Keanu Reeves）饰演的尼奥（Neo）从机器人编程的虚拟世界中苏醒时，墨菲斯（Morpheus）用一个名为结构的程序让他认识了一个全新的虚拟世界。对尼奥来说，从一个已经形成了固定习惯的世界中苏醒是具有创伤性的，让他产生了排斥反应。

不说那么远，其实我们身边就有例子，助推可以自然地改变我们选择的信息环境，对大脑遇到的认知陷阱产生影响。想想被你们收拾过的办公桌，桌上有笔筒、本子、日历、笔记本电脑、台灯、一些文件或散落的纸张、打印机、几个小摆设和一串钥匙。这些信息集可以被整理得井井有条，让你在需要执行某项操作时轻松找到所需的物品，节省时间。与此同时，信息集也可能会变得乱糟糟，让你迷失在一片犹豫的混乱丛林中，一不留神，就让你的办公空间变得不合理、不理性。

助推能帮助我们摆脱书桌的混乱，让我们更快更好地做出选择。在这种情况下，物品（可用信息）保持不变，我们处理它们的方式发生改变，让信息为我们的目标服务，从而大大提高我们的行动质量，优化我们的生活。

利用思维的不完美之处，助推还能引导行动朝着正确的方向发展。我一直觉得这个想法很令人欣慰，而且极具智慧。它让智人感觉到，与地球上的其他生物相比，自己也许并不那么特别，但同时在特定条件下又独具重要性，让他们觉得自己是一个网络的一部分，而这个网络可以让他们共同实现伟大的目标。

助推是一种认知激励，意大利语中称为“温和的推动”（spinta gentile）。前文介绍的大象和骑象人的隐喻中，助推是让二者得以友好合作的捷径。

但是，会有让我们害怕的事情发生吗？我们面对的是新的“老大哥”[①]吗？在戴夫·艾格斯（Dave Eggers）的反乌托邦小说《圆圈》（*The Circle*）[②]里，沉睡的超级链接酿成了祸端，作者的逻辑是否会让我们感到不安呢？

简单来说，是否有人能够操纵我们的行为，完全

① “老大哥”是一个比喻性的概念，用来形容那些试图控制他人行为和思想的权力机构。它提醒我们要警惕这种控制，保护个人的自由和思考权利。——译者注

② Dave Eggers, *The Circle*: *a Novel*, Vintage Books, New York 2013.

控制数十亿人?

并非如此。

如果真是这样，那将是对自法国大革命后形成的个人自由思潮不可容忍的侵犯。

要让助推行之有效，就必须在制定干预措施时给人们留下随时改变行动方向或者自主评估现有选择的空间。因此，助推在政治哲学中被称作“家长式自由主义”。

“家长式”这个词总让我们感到不舒服。由家中的长辈来决定什么对我们最好，这种想法与反叛运动的变革与创新精神背道而驰。所以，“自由主义”这个形容词强调了我们作为行动者的角色，也就是说我们要对自己的行为负责。

桑斯坦用《星球大战》里的核心人物黑武士达斯・维达（Darth Vader）很好地说明了这一概念的对立性。在一个受原力平衡影响的遥远星系里，维德勋爵代表了自由的原则，在他身上强大的原力和黑暗面并存，但当他遇到卢克・天行者（Luke Skywalker）时，他才发现了自己行为的意义，找到了自己在宇宙中的位置。

卢克，我是你父亲。

但你可以自由选择与谁为伍。

作为一种公共政策干预措施，助推有以下四个共同特点。

第一，帮助人们增强自我控制，而不是引导他们做出期望的行为。

许多情况下，人们想做的事和实际上做的事往往相去甚远。全球变暖就是一个例子。俗话说，说到与做到之间隔着一个大海，海平面还在不断上升，这不禁让人想起《奥德赛》里的故事。

《尤利西斯与海妖》[1] 是乔恩·埃尔斯特（Jon Elster）[2]

---

① Jon Elster, *Ulisse e le Sirene. Indagini sulla razionalità e sull'irrazionalità*, Il Mulino, Bologna 1983.

② 美国政治哲学家。——译者注

的著作，他以荷马史诗中的英雄为例，探讨了理性及其局限。有些助推正是基于一种自我限制的原则，我们可以将其称为“尤利西斯合约”。为了避免未来遇到可能阻碍行动的诱惑，我们会提前给自己设定一些规则和限制，与自己签订这样一份真实的合约。

在另一些情况下，人们可能不会按照自己期望的方式行事，不是因为他们真的想那样做，只是出于懒惰而已。

这时候，有些助推便可以激活社会规范，提醒我们在现有的选择中哪些是更有道德的。

想象一下，乘坐自动扶梯时，你被后面来的人推着走，不得不左右躲闪。伦敦地铁有一个简单的办法，就是由市政当局在扶梯右边画上不动的脚印，在左边画上走路的脚印。这样，人们就能一眼看出自己应该站在哪边。这就是助推的一个完美范例。

第二，通过外部影响人们的行为，而不是让他们进行自我强迫。

助推架构选择背景的另一种方式涉及两个方面：一是自我强迫（跟自我控制相关），二是外部刺激。前者是指我们意识到自己设置的各种提醒。比如，如果我们使用手机超出了自己规定的时间限制，就会收到通知，告诉我们在社交平台上花了多长时间，我们有多大的风险实现不了自己的目标。

后者是指助推不需要人们主动触发，而是通过提供不同方案来影响他们的行为。例如，如果想让你们吃得更健康，可以用一个简单的行为设计技巧——把盘子缩小，让盘子看起来更满，这样就能改变你们的饮食习惯。而饮食习惯会对你们的生活产生很大影响，影响着你们的身心健康、工作效率等（这些都与健康有关）。一个简单的外部助推便能改变一切。

第三，帮助判断意识状态——有意识的助推与无意识的助推。

在这一语境下，可以基于数字时代的公民身份将“无意识”（mindfulness）翻译为“公民意识”。

许多助推可以激励人们找到平衡点，培养好的道德习惯。如果没有助推的帮助，他们可能会抛弃道德。一些信息宣传活动便可以增强人们的道德观念（如减少食物浪费、提高能源效率、使用可再生能源）。

无意识的助推利用了我们做决策时的自发性。其实我们做这些决策，并不一定是想有意识地达到立法者设定的社会目标。比如，只需将打印机的默认设置改成黑白打印和双面打印，就可以让我们更容易做出节约纸张的行为。对个人来说，这可能没什么影响，但集体习惯却能因此发生改变。

第四，行为激励与反对行动。

这是指可以温和地鼓励人们去做某件事，也可以温和地反对他们实现某个目标。

所有鼓励人们采取行动的措施都属于激励行为，而阻止人们行动的干预措施则属于反对行动。

图 9.2 中这两个简单的交通文明劝导手段就是一个很好的例子，清晰地诠释了助推的理念。

(a)

(b)

图 9.2　交通文明劝导手段

一项干预措施的创意和效果并不会因为被模仿而变差。关键是要能够根据自身所处的环境，合理地运用它们。

做到就算学到

随地乱扔垃圾是一个典型的疏忽行为。研究发现，即便是在丹麦寒冷的荒原上，哈姆雷特王子的故乡里，每三个人中就有一个人会偶尔忍不住将纸屑扔到地上。为了解决这个问题，罗斯基勒大学设计了一种类似于伦敦地铁自动扶梯的有效干预措施。

他们在地上画了一些脚印，引导人们走向垃圾箱。同时，还用荧光色突出了垃圾箱的位置，让人们更容易注意到它们。这样就能激发人们的公民意识，让他们主动把垃圾扔进垃圾箱。为了验证这项干预措施的效果，研究小组进行了一个实验，在两组同质群体中观察地面绿色标识对扔垃圾行为的影响。

研究人员分别在城市中画有标识和没有标识的地方向路人分发了有包装纸的糖果，结果显示，在有绿色脚印的街区，垃圾量比没有绿色脚印的街区减少46%。

助推与储蓄

助推在储蓄问题上效果显著，这与我们在前几章中讨论过的正确估值未来的理念有着密切的联系。

为不确定的将来预留资源，反映了古今中外智人普遍存在的一种典型认知偏差——错估未来。

人们对储蓄的态度往往受到了对未来情况的错误评估的影响。人们不愿意储蓄，可能是因为缺乏计划能力或者觉得自己没有多余的钱，也可能只是没有正确地分析现有的信息。

仔细想想，这些都是外部因素。一个人如果能够更容易地做出选择，他就有可能节省资源或提高消费效率，存下一笔钱。

许多实验表明[①]，助推可以利用我们的短视对我们起到激励作用。

有些助推激励是通过改变默认选项来实现的，比如计算机的自动安装模式。当我们在笔记本电脑上运行一个可执行文件时，自动安装模式会利用我们的惰性来促使我们采取特定行动。

还有些助推激励是通过利用人类的损失厌恶心理来实现的。我们都有过这样的经验，赚了10欧元时，我们会感到超过10的满足，但亏了10欧元时，我们的不满度会超过10。主要的研究证据表明，不满度通常是满意度的两倍。

"明天储蓄更多"（Save More Tomorrow）计划就是通过结合人们对损失的厌恶和对收入的喜爱来鼓励一群工人进行储蓄的。

---

① Thaler e Shlomo Benartzi, Save More Tomorrow: Using Behavioral Economics to Increase Employee Savings, in *Journal of Political Economy*, 2004, 112, pp. 164187.

助推激励群组中，工人自发参加了补充养老储蓄计划。该计划没有要求工人立即从现在的工资中拿出一部分存入养老金（这样做会给人带来损失感）。为了利用人们对未来短视的心理，“明天储蓄更多”计划规定，工人未来工资增长的部分收入会自动存入养老储蓄账户。

将未来工资增长的一部分存入储蓄基金并不会让人感到痛苦，因为未来还很遥远，更重要的是，这样做可以减少决策者的损失感，因为这笔钱（我们心里的减法）是和未来收入的增加（加法）挂钩的。

实验结果非常惊人，接受助推激励的人的储蓄意愿提高了 60%。稍后我会再谈到如何平息过度热情的问题，我们不能一概而论地认为实验结果就是普遍规律，也不能认为节约资源的问题用一根魔杖就能解决，但行为设计是一支威力强大的箭矢。

社会比较：邻居的账单总是更环保

每年年初，我们坚持锻炼的愿望总是很强烈。显然，缺乏自控力的情况下，习惯的惯性特性会使我们与本意背道而驰。

一些实验研究通过分析健身房的出勤率，如图 9.3 所示，发现了一个奇怪的现象[①]。

这几幅图清晰地展示了锻炼者的行为模式。如果每年只交一次会费，左上角的曲线就会不断下降，最后无情地坠入懒惰生活的地狱中；如果每半年交一次会费（左下角图示），会出现两个锻炼高峰期；如果每季度交一次会费，会出现四个锻炼高峰期，而只有每月交一次会费才能保持锻炼的持续性和稳定性。

---

① John Gourville e Soman, Pricing and the Psychology of Consumption, in *Harvard Business Review*, 2002.

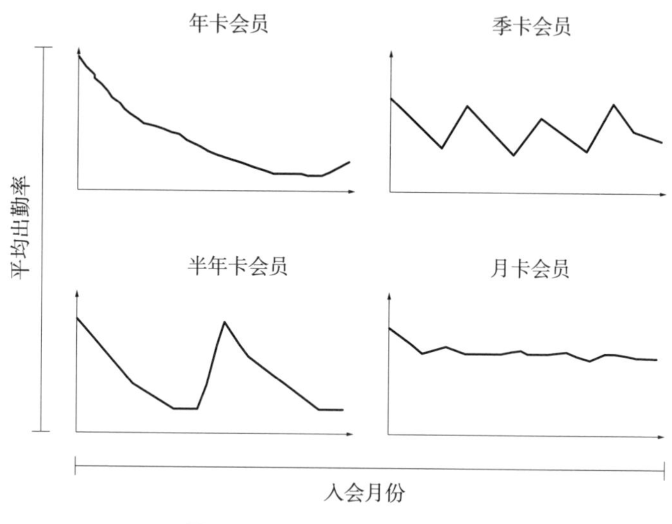

图 9.3　不同会员健身房的出勤率

付款不仅是花掉我们银行账户里的钱，也是提醒我们使用一项服务或享受一种行为的方式。

不必要的习惯性行为还能帮助我们理解能源浪费问题（如开着不用的灯和电器），这些行为不仅会增加中长期的金钱开支，还会导致过多的温室气体排放。奥普威尔（Opower）是美国节能领域的领军企业，自2007年起，它在很多年的宣传和激励措施效果不佳的情况下，仍取得了成功。它是怎么做到的呢？方法很简单，就是在用户的水电费账单上告诉他们，他们家的能耗和周围地区的平均能耗相比情况如何。让用户和邻居比较能耗情况，可以激励他们节省大量能源，尤其是收到账单的前几天，他们会变得更节约。这就是助推的作用，助推本身不能也不可能单独改变人们的行为，但随着时间的推移，配合其他的宣传活动，就会形成一种新的社会规范，并逐渐成为一种文化。这些成功背后的秘诀就是社会比较的简单力量。通过比较来传达这样一个信息——尊重环境是正常的，而不是特殊的。公民受到周围人良好行为的影响，就会自然而然、自发地去遵守社会规范，就像我们在第八章中提到的酒店毛巾案例那样。

节水宝：鼓励善行的视觉化激励

可持续发展目标（SDGs）是联合国在《2030 年可持续发展议程》中制定的全球发展目标。在这个主题上，激励行为也是支持可持续行动的重要手段。节水宝（Waterpebble）是一种安装在花洒上的装置，是一个“水流量信号灯”，可以像计时器一样设定我们的用水时间。这样，在洗澡的时候，快接近临界用水量时，它就会像红绿灯一样变色，从而不知不觉自动缩短淋浴时间。它用温和的方式鼓励了积极行为。

如何进行助推

政策制定者该如何实施助推？英国政府成立了一个专门的干预机构，叫作行为洞察小组（Behavioural Insights Team），该机构现在已独立成为一家公司，为世界各地的企业和国家政府提供战略支持。该机构的目标是设计和实施受助推理念启发的解决方案。

想要实施助推，有以下四个步骤需要牢记（如图 9.4）。

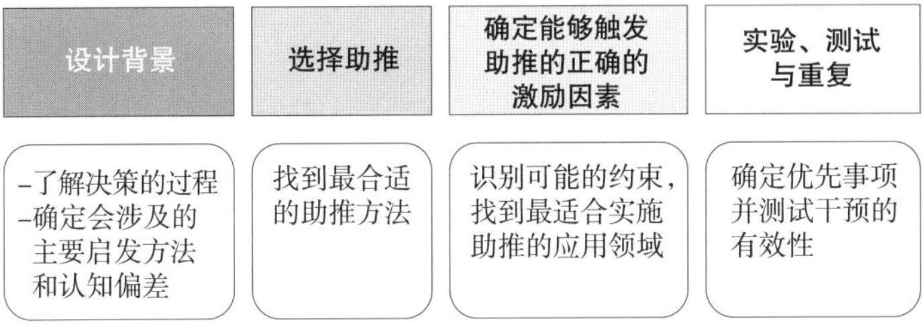

设计背景	选择助推	确定能够触发助推的正确的激励因素	实验、测试与重复
–了解决策的过程 –确定会涉及的主要启发方法和认知偏差	找到最合适的助推方法	识别可能的约束，找到最适合实施助推的应用领域	确定优先事项并测试干预的有效性

图 9.4　实现助推的四个步骤

第一，设计背景。

模型是对现实中具有不同目标的功能的描述。计算边际消费倾向的方程式是一种数学模型，地铁线路图同样也是一种数学模型，它标明了各个站点的位置以及到达城市各个区域的路线。地铁线路图的例子更能体现模型的特点，因为地图上的站点位置并不总是与实际的地理位置相符。

模型的目的是简化现实的复杂性，并让用户获益。

设计出一幅合适的问题地图意味着找到恰当的词语来“表述”和说明问题。

在那个帝国里，制图的技术达到极致，以至于一个省的地图就要占满一座城市，而帝国的地图则要占满一整个省。但是，随着时间的推移，这种大小失真的地图不再受欢迎，于是各制图院制作了一幅与帝国一样大小并完美对应的地图。除了制图之学的狂热者外，后世的人都觉得那大而无当的地图毫无用处，便毫不留情地丢弃了它，让其遭受日晒雨淋的摧残。在西方的沙漠里还能看到地图残缺的碎片，被野兽和乞丐当作住所，而在整个国土中再也找不到那些地理科目的痕迹。[①]

因此，在选择助推前，有必要了解决策过程的几个关键方面。

一是决策的特征：激励结构是什么？什么是默认选项？注意力的作用又是什么？

“激励”一词在经济学里起着决定性的作用，我们

① Jorge L. Borges, *Storia universale dell'infamia*, Adelphi, Milano 1997.

已经多次强调过这一点。经济学在解释人类行为时总是试图找出其背后的动因，它通常将“为什么”归结为一个人通过分析成本效益来衡量不同选择利弊的结果。问题在于，虽然经济学认为金钱是主要的、甚至是唯一的激励因素，但行为科学和常识都告诉我们，激励和动机本质上并不相同。

一个人可能会受到信仰、热情和个人理想的驱动而做出某种决策。学生想要得到高分，因为想从中获得满足感。社会认可和声望往往是许多公民行为的动力。因此，如果我们把公共讨论聚焦于有意识和无意识的问题上，助推的哲学便是要让激励和动机的结构在特定的情境下变得一目了然。

二是信息来源：如何收集和处理做决策所需的信息？

我们生活在一个信息爆炸的世界。在时间有限的情况下，有必要进行信息生态学研究，以简化我们大脑的工作，并认识到大脑的能力是有限的，需要快速而有效地运作。

三是个体思维过程的特征：情绪在特定选择中起什么作用？

人类并不像斯波克先生那样冷静理性。情绪往往对我们的选择有着决定性的影响，我们一定要考虑到这一点，同时也要意识到，在哪些情况下应该让脑中的大象发挥作用，在哪些情况下又该听从骑象人的指挥。

四是环境和社会因素：决策过程所持续的时间长度或我们面对的同伴压力，在我们做决策的过程中也起着重要作用。

第二，选择助推。

绘制好参考背景地图后，一名优秀的助推设计师还必须在自己的日程表上记下以下四个基本问题。

一是受助推者是否清楚自己需要什么，但却无法实现？或者说，由于所期望的社会行为不在受助推者的思维观念之中，是否需要将其激活？

二是公民或被激励者是否有足够的动机和公民意识来进行自我助推?

三是要采取的行动是否更依赖于较高的认知水平，需要增加向公民提供的信息量?还是过多的信息阻碍了人们的行动，所以需要进行“大脑清理”?

四是没有将所期望的行动付诸实践是因为有其他的选择，还是因为惰性?我们是应该反对其他的选择，还是应该以某种方式鼓励所期望的行动?

第三，确定能够触发助推的正确的激励因素。

这一环节中，有必要利用一个我们迄今为止未曾提及的关键资源，即为了设计有效的干预方案，有必要确定可用的预算，评估一些途径的可行性。

一是实施一项已经设计好的干预方案的自动执行计划；二是提供或修改默认选项；三是修改个人现有的选择方案；四是利用技术降低成本或利用可能的规模经济。

无论如何，金钱仍然是行为设计的一个必要因素，我们永远不应该忘记这一点。

第四，实验、测试与重复。

这一步，就该将想法付诸行动了！

实施助推时，除了要控制成本外，还要注意以下几个方面。

一是助推需要解决的瓶颈问题有哪些？如果有多个目标，则必须确定优先顺序，以便有效利用有限的资源。

二是能够覆盖的特定人群有多少。基于自我强迫的助推措施不能像基于默认选项的干预措施那样覆盖很多人，“明天储蓄更多”的例子就很好地说明了这一点。

三是基于默认选项的干预措施虽然可以覆盖很多人，但可能不能让每个人都同样满意。特别是对于储蓄计划来说，在某些情况下，给工人一些选择的余地，让他们按照自己的意愿自由缴纳养老金，将助推的自发性和温和性结合起来，可能更合适。

四是应该由经验丰富的研究人员通过测量和实证研究，在中长期内对干预措施进行评估，以改进或开发新的干预措施。

本章结束前，我们还得回答一个问题——为什么奥地利的器官捐献率远高于德国？

如果各位觉得我对助推原理的介绍足够清晰，那么你们中的很多人可能已经猜到了，正确答案和一种预先设定的遵从计划的机制有关——研究文献中提到的选择加入（opt in）或选择退出（opt out）规则，指沉默同意或沉默拒绝的规则。

在奥地利，器官捐献的默认选项是“是”，如果不想捐献器官，就要在生前简单地激活一个选项，否则默认就是捐献器官。相反，在德国则适用沉默拒绝规则，所有想要捐献器官的人必须在生前填写一份表格，因为在这种情况下，默认的选择是不捐献器官。

然而，正如本章开头所说的，没有能一劳永逸解决问题的魔杖。但值得强调的是，受助推理念启发而采取的干预措施也有其局限性。事实上，器官捐献设计只是选择背景中的一个因素。如果我们要比较不同国家器官捐献者的实际数据时，就会发现差异并没有那么明显。

有这种差异是很正常的。一方面是有助于做出决策；另一方面是行动本身，在这一过程中，摘除器官医生的意见、相关家庭成员的选择以及其他一些重要的程序和伦理问题都会起到作用。

即使对于像全球变暖这样复杂的问题，助推的理念也不是让国家或政府为自己行为的不负责任或不作为找借口。智人简单化的思维可能会让我们觉得，助推是一种国家把政治问题交给公民自己去解决、让公民待在个人决策舒适区里的手段。

但事实并非如此，气候危机仍是个人错误选择的集体性结果，需要政治力量和公共干预发挥其根本作用，来推动、促进变革。

如果说家长式自由主义的哲学有什么价值的话，那就是它能提供一种额外的政治工具，使转型一触即发，激励某些行动，打破个人和集体领域之间的壁垒。

这一切都不能以牺牲公民责任感或其成熟的政治选择为代价，公民责任感非常重要，会使气候危机从问题制造者变成机会创造者。

因此，需要有积极主动的个体，在政府机构和国家的支持下，团结在强大的社会网络和社区中，成为变革的推动者和参与者。

决策自由

“选择架构”一词由卡斯·桑斯坦和理查德·塞勒提出。我们常常认为选择可以被公平地呈现，但事实是，任何决策的制定方式都会影响那些需要做出决策的人的行为。就像建筑师设计建筑是为了满足用户需求一样，选择架构师设计决策环境也是为了改变人们做决策时的体验。因此，选择架构师既可以帮助决策者实现目标，也可以阻止他们达到目的。

这是一个非常重要的问题，对此我们已经进行了深入的分析。如果不能让有意识的公民享有选择自由，就不会有任何助推发生。面对像气候变化这样复杂的挑战，助推不是要限制智人，也不是要操纵他们的行为以达到其他目的。前文提到的那些小技巧并不能解决气候变化这样一个全球性的问题，也不能通过限制心不在焉的智人的选择来实现可持续转型的共同目标。

助推能做的是点燃变革和觉醒的火花，以帮助我们做出成熟的决策。从直觉层面来看，这些决策早已在我们的价值观念体系中居于深层次地位，只是被混乱的决策背景所遮蔽，无法引起我们的注意。

正如畅销书《助推》的封面画的那样，母象为了让幼崽学会走路，用鼻子轻轻推着它向前走，助推就类似这种激励。我们绝不能让“必须由公共决策者代替我们走路”的想法占上风。

助推有两种形式：基于过程的干预和基于结果的干预。基于过程的干预与决策者的偏好及其选择的行动方案一致。比如，如果一个人想养成更健康的生活习惯，他可能会在外卖应用程序中标明自己的需求。如果该应用程序的程序员看到这一需求后，重新分类排序了可供选择的食物，以突出最健康的菜肴，我们就可以认为这是一种过程助推，因为用户选择采取行动（选择加入、发出自己的偏好信号）来接受助推，以实现自己的健康目标。这是一种温和的求助，就像设置智能手机使用限制，激励我们更好地利用时间一样。

基于结果的助推与过程助推的区别在于选择行动方案的人不同。如果是第三方选择了理想的方案，那么助推的目的就是激励实现理想的结果，而不是影响决策过程。在外卖应用程序的案例中，设计者会在用户不知情或未经用户同意的情况下，重新推送可供用户选择的食物，以强调更健康的选择，这可能是由于政府提倡更健康的生活习惯。虽然这种推送的目的可能是为了让用户受益，但这是第三方的选择，而不是用户自己的选择。

从本质上来说，过程助推关注的是做决策的条件，而结果助推关注的是决策的目的。

这几乎是一个哲学命题，是在用户毫不知情的情况下达到目的的，还是努力播种，让用户自己做出更成熟的决策?

有些人倾向于具体的目标，比如，用无痛的方式做出更健康的生活选择。还有一些人，比如我，更倾向于后者，原因如下。

首先，过程助推不会把人们当作傻瓜或提线木偶，而是让他们参与其中，为个人和社会创造更好的决策环境。

其次，对于本书的主题，没有简单的解决方案，只有许多需要反复思考的事情。对于气候危机而言，过程助推可以帮助决策者了解一些数据，认识到改变自己行动方案的重要性。对决策过程的认识不仅会改善个人行为，面对未来新的挑战时，还可能提升其敏感度，全面、成熟地看待问题。

再次，我一直认为，建房子应该从打好地基开始，而不是专注于屋顶的建造。直白点说，一个好的选择架构师会关心我们选择的基础，使其从长远来看更加可靠。

最后，回到达斯·维德的话题上。如果不存在其他复杂因素，只有原力，它在一部分人身上体现出强大的力量，在另一部分人身上的作用较弱，那么就没有必要用一部《星球大战》传奇来讲述主角们的故事了。让原力自然发展，不改变事件的既定走向，用光明面和黑暗面来决定绝地武士团和西斯（Sith）的生活，这就够了。

但是，达斯·维德的人物形象之所以丰满立体，正是为了强调一个能使我们乐观看待未来的关键概念。

未来会困难重重，阴霾遍布，但也将充满机遇。

当卢克有了自我意识，从根本上肯定了恩斯特·布洛赫"你有选择的自由"的希望哲学，使其成为整个故事的转折点时，他便成为一名真正的绝地武士。

卢克，你可以使用原力，也可以不用，但请让自己轻轻地被推向未来。

第十章

准备好了吗？出发！

我不想用“十个规则总结全书”这样老套的方式与你告别，这样你就会有一个不把每章读完的借口。所以，说再多也不过是老调重弹，我想到了一个更有趣的办法，飞船发射后，你在太空中也许会想听点音乐，我这儿有一份歌单要送给你，里面有十首歌和十条留言，让你能更好地记住本书想要传递的信息。

祝你旅途愉快，别忘了带上几条鱼，日后你会感谢我的。

第一，复杂不等于烦琐，要编织不要折叠。

有时词源可以帮我们做出正确的选择。“简单”（semplice）一词源自拉丁语“sine plica”，意思是没有褶皱。所以，“简化”（semplificare）就是把语言中皱巴巴的地方抚平。“复杂”（complesso）这个词则有更多的美学意蕴，它指的是各部分相互依存、交织在一起的事物。面对气候问题以及如何应对气候危机时，要摒弃二元对立的思维方式，以“编织”的方式思考，这对于正确认知现实至关重要。

撒切尔夫人曾因一句听起来冷酷无情的话而闻名于世：“根本就不存在社会这种东西。”

用复杂的方式来评判这句话意味着，比如说，找出这句引言的出处，阅读完整的上下文：“生活是男人和女人的挂毯，挂毯的美感和我们生活质量的高低都取决于我们每个人愿意承担多少责任，以及我们准备为帮助那些不幸的人付出多少。”

之前那句话的意思是不是彻底变了？

事实、选择和决策依然存在，它们影响了数百万人，历史对此做出了评价，我们在此基础上形成了对撒切尔政治理论的看法。

然而，复杂性要求我们灵活地接受细微的差别。也许，我们会发现简单的二元开关根本消除不了我们的犹豫，复杂性也要求我们能够承受这种不安的感觉。

推荐歌曲：范吉利斯（Vangelis），《看不见的联系》（*Invisible Connections*）

第二，别害怕，世界末日今天不会降临，因为我们的今天在澳大利亚已经是明天了。

我一直很喜欢玛茜·约翰逊（Marcie Johnson）说的这句话。她是《史努比》中最聪明、最好学的一个人物，妙语连珠。我把这句话收录在这个歌单里，是因为有关全球变暖问题的另一个助推就是与时间和平共处，我们往往难以清醒地把控这一维度。也许是智人过快概念化了时间，随着工业革命的到来，我们与时间的边际关系突然扩大。1800 年之前，“明天”实际上等同于“今天”，“今天”也和“昨天”一样。随后，技术革新、生产活动和生活水平的指数式增长给世界带来了科幻小说般的时间观，这一时间观也很快转化为对时空旅行的想象。

时间甚至被披上了地理学的外衣，这给我们的启示是，利用一切可用的空间来进行长远的推理，而不只是出于冲动满足当下的需求。

推荐歌曲：滚石乐队（Rolling Stones），《时间与我同在》（*Time is on My Side*）

第三，不要因为某个数据挑战了你的世界观，就将它拒之门外，你要去质疑它。

这条留言不仅让我们想起了名言："对数据严刑拷打，它们会招供出你想要的一切。"这还让我们在面对证实性偏见（即我们每个人都迫切希望自己的观点是对的）时，心中能亮起一盏明灯。当一个与我们所相信的事实相反的数据出现时，不要一脚把它踹开，请试着回答这几个问题：数据来源是否可靠？解读是否正确？对于这一经验性证据，有合理的解释吗？

质疑我们深信不疑的东西是一种健康的心态，这不是让我们采取肤浅的怀疑态度，而是为偶然性做好准备。科学发现往往是偶然的，但并不意味着这个世界以及与之相关事物是绝对不可预测的。偶然的发现（发现自己不一定在寻找的东西）代表了一种执着的精神、一种研究取向、一种准备迎接随之而来的发现的思维状态。以同样开放的心态质疑异常的数据可以帮我们在日常生活中的混乱数字中找到方向，让我们对世界的认知更加准确可靠。

推荐歌曲：披头士（Beatles），《因为》（*Because*）

第四，拥抱不确定性，这点毋庸置疑。

科学是一个充满结构不确定性的领域。我觉得这种假设很是令人欣慰，且弥足珍贵，因为如果科学意味着批判和知识的增长，那么就说明还有更多的事物在等着我们去发现，也说明还有许多东西是不为我们所知的。把错误看作人性的一部分，而不是一种耻辱，可以让我们活得更好。错误不是用来抵御恐惧的安慰剂，而是让我们对周围世界进行无休止探索的活性成分。世界的尺度本质上就是不确定的，这一点令人振奋，就像薛定谔盒子里的猫一样，它既是活的，又是死的。

推荐歌曲：金发女郎（Blondie），《我知道，但我不知道》（*I Know but I Don't Know*）

第五，如果你觉得自己一无是处，就想一想，事情并不总按你期望的发生。

生活在这个星球上的智人，总是试图用自己的尺度和形象去解释宇宙。自然哲学，也就是我们现在所说的科学，以一种有益的离心运动的方式逐步发展，把地球从宇宙的中心移到了边缘，让人类从假想的进化阶梯的顶端走下来，消除了“智人是进化过程中完美的终极目标”这种命定论的想法。我愿意让科学，特别是气候科学，不给人类任何特殊的优待，把我们重新带回地球系统中。在我看来，这是一门健康的学科，最重要的是，它不仅让我们有强烈的责任感去思考人类世对地球的影响，还让我们变得更加谦逊，不再孤独。就算其他生物也对我们有所评判，我们也是如此。科学还提醒我们，我们只是网络中的一个节点，或者用挂毯的比喻来说，我们只是复杂情节中的第 n 个元素。

推荐歌曲：比吉斯（Bee Gees），《我开了个玩笑》（*I Started a Joke*）

第六，规划好最佳路线，而不是让奔跑的大象停下来。

情绪是帮助我们解读现实的信息集中的一个要素。情绪的作用不可小觑，因为它不仅在很多情况下可以支持我们做出决策，而且在全球变暖问题上，也能点燃我们的行动力，突出某种行为或政策举措的重要性。系统 1 和系统 2 的隐喻意义非凡，它告诉我们，人类有一部分大脑和祖先一样，已经存在了数百万年，所以在遇到问题时会有本能的冲动反应。认知理性系统则要年轻得多，它让我们得以进行战略思考，但不能在大脑中建立有效的优先级。选择架构需在应对气候危机时发挥关键作用，所以一个好的行为设计师既不能给骑象人任何好处，比如给他一根好用的鞭子，也不能惩罚大象，注射麻醉剂让它沉睡。行为设计师的任务是以尽可能好的方式指明前路，简单来说，就是让更理性的思维和更冲动的思维共同发挥作用，以帮助我们做出更好、更明智的选择。

推荐歌曲：乔治·哈里森（George Harrison），《万物终将消逝》（*All Things Must Pass*）

第七，分享数据前，先数到10，再数到100。

搏击俱乐部的第一条规则是，分享有数据的新闻之前，先数到10。

搏击俱乐部的第二条规则是，数到10后，再接着数到100。

数100下需要1分40秒，除非你是通讯社的记者（即使是这样，你对新闻报道的选择也会有自己的标准），否则过了100秒后，世界不会有什么大的变化。就算我们没有不惜一切代价对自己感兴趣的信息下定论，世界也不会毁灭。错失恐惧症，即害怕错过一些消息，会让我们无法客观地评估信息。我们需要利用解读现实的能力来消化和分析数据，评估信息来源的可信度，选择如何分享信息，找到让别人注意到它的最佳方式，这些都需要时间。只有当我们严谨地呈现数据时，数据才会有价值。矛盾之处在于，这也意味着新闻可能会不那么吸引人或轰动，但却更加准确，因此也更加有用。在这个冲浪者随波逐流、诚惶诚恐的世界里，我们需要像潜水员一样冷静，因为潜水员知道海洋的深度，会努力通过适应不断增加的水压，把自己学到的知识带到水面上。

推荐歌曲：尘埃兄弟（The dust brothers），《什么是搏击俱乐部》（*What is Fight Club*）

第八，把话语放在阴凉干燥的地方。

“数数就像唱歌”，数学家安德鲁·埃利奥特在《这个数字大吗？》[①]一书中如是写道，他在书中介绍了一些简单的规则，教我们如何呈现数字，更重要的是，

① Elliot, *È grande questo numero?*, cit.

如何合理地谈论数字。

有时我们会对数字感到恐惧，对全球变暖的数字也不例外。这种恐惧会影响我们对经验性证据的正确解读。

但是，如果能找到合适的话语来表达数字，就意味着能够准确利用传播来达到一些基本目的，比如传递清晰明确的信息，影响受众的信息环境，增加人类的知识储备。

选择正确的话语，包括那些涉及数字的话语，是进行有效、便捷的科学交流的基础。

此外，在必要时找到能让我们保持缄默的话语也是另一个不容忽视的选择。

推荐歌曲：平克·弗洛伊德（Pink Floyd），《设法牢牢控制太阳躁动的心》（*Set the Control for the Heart of the Sun*）

第九，你可以自由选择，但请温和地选择。

第九章专门介绍了助推的方法，旨在强调政府机构的基本作用。气候危机给公民和政策制定者都带来了机会，让公民重新拥有自己的决策空间，让政策制定者得以创造并规范一个由个人选择汇集成集体选择的环境。

自由正是保证这一转变的关键。经济学中，我们常说委托或代理模式，意指一个或多个人（委托人）让另一个人（代理人）代替自己完成某项任务的合约，这就意味着将权力让渡给代理人。

助推的温和性是经济和社会之间关系的调节器，也是做出个人决策的个体和负责进行理性判断的社区成员之间关系的调节器。

推荐歌曲：布鲁诺·马尔斯（Bruno Mars），《依靠我》（*Count on Me*）

第十，不要以希望为食，想想如何做出美味佳肴。

不考虑马克思的历史背景，恩斯特·布洛赫（Ernst Bloch）的希望哲学为我们应对气候危机提供了一种宝贵的解释方法。我们总会畅想未来，彼时人类与环境和谐共生，一切都欣欣向荣，这种想象建立在智人的能力之上，他们能预测未来，甚至在阅读未来之前就知道如何在未来书写幸福的篇章，他们还能找到解决社会新问题的办法。布洛赫的希望哲学不是为了更轻易地消除困难，其美妙之处恰恰在于它的具体性。为了适应现实和科学发现的偶然性，我们需要有实用的秘方。因为未来既不是纯粹的偶然，也不是不可避免的命运，而是乐观主义者不顾一切、追求世界美好的幸福之路。

现在，准备好了吗？出发！

推荐歌曲：乔治·迈克尔（George Michael），《信心》（*Faith*）